3·20

COLLECTION FOLIO

René Fallet

Mozart
assassiné

Denoël

Norbert et Carole sont mariés depuis quinze ans. L'amour fou est devenu l'amour raisonnable, l'amour où l'on s'ennuie, surtout lorsqu'on se retrouve en tête à tête pour un mois de vacances. Aussi Wilfrid, un vieil ami de Norbert, est-il bien accueilli quand il vient à passer par là. L'amitié, voilà une chose solide, pensent les deux hommes en se retrouvant. Carole, elle, ne pense ni à l'amour ni à l'amitié, mais à elle-même qui a quarante ans et peur de vieillir. On organise une partie de pêche, mais voici que durant celle-ci, Norbert, en glissant, se fracasse la tête sur un rocher. Transporté à l'hôpital, il y meurt quelques heures plus tard. La police laissera-t-elle entendre aux deux autres qu'ils sont suspects, puisque l'accident n'avait d'autres témoins que la femme de la victime et l'ami ? De là à penser que celui-ci était également l'amant de Carole... Affolé, Wilfrid se dit qu'il n'échappera pas à cette machine infernale qu'est la Justice dès qu'elle entreprend d'imposer l'injustice. Il fuit donc, emmenant Carole qui a peur de rester seule. Ils vont se réfugier dans un chalet isolé, propriété d'un ami de Wilfrid, qui pour l'heure est en Italie. Pendant les premiers jours de ce tête-à-tête forcé, c'est l'hostilité muette entre Carole et Wilfrid. Mais l'arrivée intempestive du propriétaire, accompagné d'un groupe d'abonnés à la dolce vita, rapproche les deux fuyards. Ils évitent le pire, mais doivent quitter leur refuge pour un autre plus sûr. En traversant, vers minuit, un village, ils emboutissent une voiture et cet accident les oblige à attendre

l'arrivée des gendarmes qui ne seront là qu'à l'aube. Quelle sera
cette « nuit la plus longue », comment se dénouera ce drame
C'est le secret d'un roman quelque peu inattendu sous la plume de
son auteur.

Sous le couvert d'une intrigue policière, René Fallet prolonge
avec une sorte de haine généreuse, ce thème classique : il n'y a pas
d'amour heureux qui puisse résister au temps. Fallet « passe » ses
livres à nous charmer et à nous faire toucher du doigt des vérités
qu'on a tendance à aborder les yeux fermés. Mais dans ce Mozart
assassiné (que chacun porte en soi), il y a plus qu'un miroir cruel
plus qu'une vérité déchirée : il y a la virtuosité et la sensibilité
d'un écrivain qui compte parmi les plus brillants de sa génération

Fils de cheminot, René Fallet est né en 1927 à Villeneuve-Saint-Georges. Il travaille dès l'âge de quinze ans. En 1944, à moins de dix-sept ans, il s'engage dans l'armée. Démobilisé en 1945, il devient journaliste, grâce à une recommandation de Blaise Cendrars qui a aimé ses premiers poèmes.

Il a dix-neuf ans quand il publie, en 1946, *Banlieue Sud-Est*. René Fallet a su construire, depuis, une œuvre, couronnée en 1964 par le Prix Interallié pour *Paris au mois d'août*. Ses romans ont inspiré de nombreux films : *Le triporteur, Les Pas Perdus, Les vieux de la vieille, La Grande Ceinture (Porte des Lilas), Paris au mois d'août, Un idiot à Paris, Il était un petit navire (Le drapeau noir flotte sur la marmite), Le beaujolais nouveau est arrivé*.

A Marc Jaffré.

— Ce doit être très dangereux alors, d'être un homme ?
— Ce l'est en effet,
madame, et bien peu en
réchappent.

HEMINGWAY.

PREMIÈRE PARTIE

Une partie de pêche

— Et le gosse, je ne t'ai pas demandé des nouvelles du gosse ! Carole, toi qui es femme, tu aurais pu lui demander des nouvelles de son fils ! Ça se fait.

— Je n'y ai pas pensé...

— Je vous remercie, il va très bien.

— Wilfrid papa ! En douze ans, je n'ai jamais pu m'y habituer. Papa !

Norbert rit, fit craquer une vitesse de la 300 SL.

— Aïe ! remarqua Carole.

— Rhumatismes ! Elle est quand même de l'année dernière !

— Salaud, soupira Wilfrid, ma DS a trois ans.

— Non. Je te vois venir, non. Tu ne la conduiras pas, même sur deux kilomètres. Une voiture, c'est comme une femme, cela ne se prête pas.

— Salaud, répéta Wilfrid.

Ils étaient tous les trois assis, et serrés, à l'avant

de la Mercedes. Par les vitres baissées, l'été leur soufflait au visage.

Ce n'était pas la montagne hérissée, menaçante. C'était une montagne verte au long corps de vallons, une montagne de douceur. Le soleil de juillet pendait au-dessus d'elle, à la façon d'un lustre d'opéra.

— C'est une belle rivière ?

— Pas laide. De grands radiers. Des roches. Hier soir, j'en ai pris deux.

— Deux belles ?

— Honnêtes. De la truite honnête.

— Elles montaient franchement ?

— Penses-tu ! Elles tapent à noyer. L'eau est trop claire. J'avais de toutes petites *Coachman*...

Ils s'excitaient déjà, haussaient le ton. Carole, indifférente, regardait la route et les sapins qui la bordaient.

Un fouillis de cannes à mouche, de paniers, de cuissardes et d'épuisettes raquette encombrait l'arrière de la voiture. Les deux hommes étaient habillés, comme des soldats, de vestes et de pantalons gris ou kaki. Ils portaient des casquettes à visière.

— Toi, tu te cacheras, avec ta robe blanche. Les truites n'aiment pas le blanc.

— J'irai ramasser des fleurs.

14

— Bonne idée.

— En quinze ans de mariage, les truites m'ont fait ramasser des tonnes de fleurs.

— Et alors ?

Il ajouta, après le virage :

— Des tas de femmes aimeraient voir leur mari courir les truites plutôt que les petites filles ou les champs de course.

— Je ne suis pas un tas de femmes.

— Wilfrid, ça t'intéresse spécialement, toi, les scènes de ménage ?

Ils sourirent.

— Je te signale, reprit Norbert redevenu sérieux, qu'il faudrait pouvoir pêcher ces rivières-là en juin. Juillet, c'est déjà trop chaud. Le poisson est dans les trous.

— J'ai lu quelque part que, dans tout homme, il y avait un Mozart assassiné.

— Pourquoi dis-tu ça ? fit Norbert en se tournant vers sa femme.

— Parce que ça me revient. Au cas où vous auriez envie de méditer, l'un et l'autre...

— Tu es folle. Tu y comprends quelque chose, toi, Wilfrid ?

— Rien.

— Un Mozart assassiné...

Il réfléchit encore, puis :

— C'est amusant, mais ça ne veut rien dire. Wilfrid ?

— Quoi ?

— Y a-t-il en toi un Mozart assassiné, oui ou non ?

— Plusieurs.

— Tu vois, Norbert ! Wilfrid a compris.

— Non ?

— Non. C'était pour faire plaisir à Carole. Norbert éclata de rire. Carole haussa les épaules.

— Explique-nous, Carole, au lieu de bouder.

— Il n'y a rien à expliquer.

— Je vois, dit Wilfrid. Dans tout basset, il y a un saint-bernard d'assassiné. Dans toute DS, il y a une 300 SL assassinée.

— Il y a de ça, approuva Carole.

— Eh bien tant mieux si mon Mozart est assassiné, grogna Norbert en allumant une cigarette. A toute sa musique, je préfère celle de mon rasoir électrique.

« Mais, pensa Wilfrid, dans Mozart, *qui* était assassiné ? *Qui ?* Un Couperin ? Un Vivaldi ? »

Carole avait quarante ans. Wilfrid trente-huit. Norbert quarante-deux. Carole était blonde, Wilfrid grand, Norbert trapu. Les deux hommes s'étaient connus à l'armée. Ils avaient ensemble

16

passé le Rhin et gagné une guerre qu'ils auraient perdue s'ils étaient simplement nés en face. Une euphorie tient souvent à un fil. Vainqueurs, ils avaient depuis joué gagnants. Norbert dirigeait une agence immobilière. Moins homme d'affaires, Wilfrid était dessinateur publicitaire. Ils s'aimaient d'amitié, sans rien en confier aux lettres qu'ils pouvaient s'écrire. Wilfrid était heureux et divorcé. Norbert était heureux, marié avec Carole. L'homme seul avait un enfant. Le couple n'en avait pas.

— On y arrive, à ta rivière ?

— Il est à peine cinq heures. Rien ne presse. C'est sur le soir qu'elles gobent.

— Moi, qu'est-ce que tu en penses, comme mouche, j'essaierai une *Tup's* pour commencer.

— *Coachman,* je te dis.

— Tu n'as pas essayé les *Tup's ?*

— Non. Je vois mieux les mouches à ailes blanches.

— Ah, forcément, si tu es myope...

Carole regardait la route. La conversation puérile de ses compagnons la tranquillisait. Elle n'avait pas à la suivre. Elle admira pourtant cette passion d'adultes à propos de billes.

Carole regardait la route, puis ses ongles, puis les sapins. Carole était quiète. Moite. Posée. D'infimes perles de sueur lui embuaient la nuque. Elles lui étaient agréables. Une infinité de tout petits baisers tièdes et ronds. Norbert ne l'embrassait plus dans le cou.

« Dans le cou », songea-t-elle, les yeux perdus, et les sapins regardèrent Carole qui ne les regardait plus. Le bavardage des deux hommes, elle ne l'entendait plus. Son corps les séparait. Leurs mots enjambaient son corps. Ce soir, il ferait frais. Ces dératés pêcheraient jusqu'à la nuit noire. Une peur la prit, n'aurait-elle pas oublié sa veste de laine ? Elle en aperçut une manche, sous un panier. Rassurée, elle appuya sur les touches du poste de radio et le jazz fit taire le champion de la *Tup's* et celui de la *Coachman*.

— C'est loin, soupira Wilfrid un peu plus tard.

— On croirait, Wilfrid, que c'est la première fois que vous allez à la pêche.

— Le plaisir, c'est toujours pour la première fois. Quand j'ai le cafard, c'est même pour la première fois.

— Et ton Mozart, c'est la combien de fois que tu l'assassines ? fit Norbert goguenard.

— Il vit.

— Ah oui ? On ne le voit pas souvent.

— Il n'aime pas sortir.

Norbert klaxonna pour effaroucher un groupe de jeunes cyclistes en excursion. Ces cyclistes heureux créèrent un malaise à l'intérieur de la 300. « J'étais ainsi », pensèrent Carole, Wilfrid et Norbert. Ils n'avaient rien acquis depuis. Ils auraient pu descendre de voiture et demander

18

l'aumône à ces promeneurs qui n'avaient rien à leur donner. « Dieu n'est pas Dieu », se dit Wilfrid.

— Vous ne trouvez pas, dit-il à voix haute, que Dieu n'est pas Dieu, et qu'il se fait passer pour un autre ?

— Pourquoi ? s'étonna Carole.

— Pour rien.

Après un silence, Norbert exhala son dépit :

— Tu es comme tout le monde, Wilfrid. Banal. Tu regrettes tes vingt ans. Moi, en tout cas, je les regrette. Pas toi, Carole ?

— Plus que toi.

— Moi, je ne sais pas au juste, reprit Wilfrid. Je regrette tout. Avant-hier. Hier. L'heure de tout à l'heure. Je n'arrive pas à m'y faire.

— Vous devez être malheureux.

— Norbert l'a dit : comme tout le monde. Ce qui console, dans ce genre de malheur, c'est qu'il n'est pas de solitude. On est noyé dans la foule des autres misérables. Le véritable ennui de la mort, par exemple, est que personne ne meurt avec vous. Si une bombe détruisait le pays et moi avec, je me sentirais moins seul dans ma peau de mort. J'aimerais être plusieurs dans mon cercueil.

— Vous ne pouvez pas parler d'autre chose ? murmura Carole.

— On parle toujours d'autre chose quand on parle de la mort. Toujours. Car on ne sait rien d'elle.

19

— Ça va, Wilfrid, ça va ! Regarde plutôt la rivière !

Elle jouxtait par endroits la route, tantôt verte, tantôt bleue ou barrée par le trait blanc d'une chute. Mais tout le monde a vu une rivière, à quoi bon en parler.

Norbert, enfin, rangea la 300 SL à l'abri du soleil, sous un arbre du bas-côté.

Déjà Wilfrid regardait l'eau. Carole la regardait aussi, avec d'autres yeux. Elle avait, l'eau, la fluidité des vingt ans et leur fuite impalpable.

— Un gobage, là-bas ! cria Wilfrid.

— Je te l'avais dit, que ça pouvait être bon. Il n'y a pas un souffle de vent.

Les deux hommes s'équipèrent, montèrent leurs cannes, des « Knockabout » de neuf pieds.

— Carole, tu ne te mets rien sur la tête ?

— Non mon chéri. Je n'ai pas peur des coups de soleil.

— Et qu'en sais-tu ?

— Quelle question ! Je le sais.

— Il y a coups de soleil et coups de soleil, pas vrai, Wilfrid ?

— Je ne vois pas.

— Les Français disent « coup de soleil » quand on tombe subitement amoureux de quelqu'un.

— J'ignorais.

— Je n'ai pas peur des coups de soleil, répéta Carole.

— Moi non plus, fit Wilfrid.

— Eh bien moi, j'enfonce ma casquette jusqu'aux deux oreilles !

Norbert pénétra en cuissardes dans l'eau glacée et ils entendirent très vite le sifflement de sa soie.

— Vous allez ramasser des fleurs, Carole ?

Wilfrid nouait sa mouche au bas de ligne.

— Oui, comme d'habitude.

— C'est ennuyeux, hein, les pêcheurs ?

— Profondément.

— Vous êtes sincère ?

— Même pas. Il faut bien qu'il s'amuse. C'est de son âge. Il travaille trop. Là, il est en vacances.

— Tu viens ? cria Norbert.

— A tout à l'heure, Carole.

— C'est ça. Bonne pêche !

Elle savait qu'ils avaient par superstition horreur de ce souhait.

Le soleil était encore très haut. La fraîcheur de l'eau se lova autour des jambes de Wilfrid qui savoura ce bien-être. Les graviers blonds ruisselèrent sous ses pieds. La rivière chantait comme une robe qui tombe. Wilfrid se rapprocha de Norbert et se tint près de lui, à une vingtaine de mètres sur sa gauche.

— Alors ?

— Alors rien. La rivière est morte.

— Pourtant, en arrivant...

21

— Tu marches dans l'eau comme un éléphant. Attendons un peu sans bouger.

— D'accord. Mais c'est toi qui marches comme un éléphant.

Ils se disputèrent puis allèrent s'asseoir sur une roche plate d'où ils pouvaient surveiller la rivière et sa vie. Ils demeurèrent côte à côte sur cet îlot. Leur accoutrement leur semblait naturel.

— On est bien, soupira Norbert.

Wilfrid acquiesça de la tête. Ils allumèrent une cigarette.

— On est bien, répéta Norbert, sans femmes, sans bruit, sans rien. Il n'y a que nous et de l'eau tout autour. Tu vois Carole ?

— Je vois sa robe, tout là-bas.

— Elle s'embête. As-tu remarqué que les femmes s'embêtent toujours et que nous ne sommes sur terre que pour les amuser ? Elles n'aiment rien.

— J'en ai connu qui aimaient l'amour.

— L'amour, ce n'est pas l'amour véritable. Et puis, elles n'aiment pas longtemps.

— Elle ne t'aime pas, Carole ?

— Si ! Enfin, je dis si... Sans doute. Elle aime comme tout le monde aime, comme je l'aime. En pensant à autre chose. Au temps qu'il fera demain.

— C'est triste.

— Mais non ! C'est comme ça ! Le feu, tiens, le feu de bois, c'est beau, ça chauffe, ça brûle. Et puis on a trop chaud, il faut lui donner des bûches, on le laisse s'éteindre et on se chauffe au gaz. C'est humain.

— C'est bête, que ça soit humain.

— Oui, c'est bête.

Ils restèrent silencieux. Le silence est le refuge de l'amitié comme il est celui de l'amour. On se partage en silence tout le bonheur de l'autre, même si ce bonheur, ou cet autre, n'existent pas vraiment.

Ils avaient fait la guerre ensemble, ce qui arrive à quelques hommes. Ils en avaient gardé un souvenir ému, qui recouvrait pieusement celui de leur jeunesse. Mais la guerre est officielle, avouée, non la jeunesse, qui ne se déclare pas et ne signe jamais d'armistice.

Wilfrid, plus sceptique, se doutait un peu qu'il aimait en Norbert tout un reflet de son passé. Demain, cette partie de pêche rejoindrait le passé et l'image Norbert lui serait collée avec soin. Ainsi collent les enfants sur de gros albums des vignettes qui illustrent l'histoire de la navigation ou celle du costume à travers les âges. Ces vignettes accompagnaient des tablettes de chocolat. Elles sont le souvenir de ce chocolat.

Norbert, plus positif, aimait Wilfrid parce qu'il l'aimait depuis dix-sept ans. Il croyait aux vertus de l'ancienneté. Il eût donné volontiers à leur amitié la médaille des vieux travailleurs.

Portrait de l'eau. Des rideaux tremblent. Parfois

s'étale sur eux une tache de vaste calme. Un courant
l'efface avec précipitation. Du plus haut de son ciel,
le soleil plonge là-dedans.

Wilfrid se leva :

— On y retourne ?

— Faut bien.

Un insecte gris voleta sur leurs têtes et ils en
cherchèrent l'imitation dans leur boîte à mouches.

Je suis Carole. J'ai quarante ans. Il ne m'arrivera plus rien, maintenant. J'étais une jeune fille
de seize ans et j'allais à la messe. Les jeunes filles
de seize ans allaient encore à la messe, avant la
guerre.

Elle n'avait pas le cœur à ramasser des fleurs. Il
lui faudrait demander un vase, à l'hôtel, et à quoi
bon fleurir une chambre d'hôtel ? Elle marchait à
pas lents dans un sentier de cailloux blancs.

Après la messe, nous allions communier à la
pâtisserie. Un garçon m'écrivait chez une fille qui
vivait chez une tante aveugle. C'était pratique,
elle n'ouvrait pas les lettres. Comment s'appelait
cette fille ? Jeanne. Anne. Ou Elisabeth. Et comment s'appelait le garçon ? Mais je n'ai rien fait,
pour avoir quarante ans. Ce n'est pas juste. Ce
devrait être, au moins, une punition pour quelque
chose de mal. Mais tu as fait le mal, Carole,

24

beaucoup de mal. On a même fusillé pour moins que cela. Rappelle-toi...

Elle marchait à pas lents dans un sentier de cailloux blancs. Son corps était encore très jeune, grâce aux masseurs. Mais les mains ? C'est par les mains que vous tire le temps. Elle les trouvait sèches, sur leur dos saillaient des veines.

— Il faut vieillir, madame.

— Plutôt mourir !

— Après, madame, après...

Elle était blonde. Mais, chaque année, quelques cheveux de plus ne devaient leur blondeur qu'au coiffeur. Elle marchait, une amertume au coin des lèvres. Pas besoin de sourire, Carole, il n'y a personne. Es-tu bien là, seulement, est-ce bien toi qui vas sur ce sentier de cailloux blancs, ou ton ombre ? Rappelle-toi. Tu aimais le voir pleurer. Tu aimais sa souffrance. Ton pouvoir te saoulait et, comme le poivrot qui frappe avec joie ses enfants, tu frappais cet enfant avec ce qui te tombait sous les mains, un rire, un silence, un mot. S'il fuyait, tu le ramenais à toi, il revenait et tu le surnommais « Yoyo ». Je sais, c'était déli- cieux, merveilleux, mais bing, il s'est cassé. Est-ce bien toi ? Par le concours des pertes de mémoire, nous menons plusieurs vies. Tu te souviens très mal, n'est-ce pas ? Alors, c'était une autre.

J'étais jeune. Jeune. J'avais le droit. Tous les droits. Il n'aurait pas eu pitié de moi, lui. J'étais si jolie. Si jeune. Ah, l'autre a raison, Dieu n'est pas

Dieu, Dieu n'est rien s'il n'est pas même Dieu. Il n'est plus que vous et moi.

Elle s'assit au pied d'un arbre, étourdie, mal à l'aise, et regarda ces deux points d'hommes posés là-bas tels des hérons sur la rivière. Il ne lui arriverait plus rien, maintenant. Plus rien. Rien. Rien.

Norbert avait ferré deux truites coup sur coup. Cette réussite avait inconsciemment crispé Wilfrid. La mouche est une pêche empreinte de philosophie, et il ne sert de rien de s'y hâter. Wilfrid s'énervait, laissait à peine dériver son leurre, lançait et relançait sans foi. Le soleil le fixait dans les yeux. D'un revers de manche, Wilfrid s'essuya le visage. Il aperçut la canne courbée de Norbert. « Trois, gronda-t-il, trois. » Il comprit que ce comportement enfantin lui gâchait ses chances. Il s'immobilisa, respira. La robe blanche de Carole. Le cri joyeux de Norbert : « Alors, l'affreux ? » Il ferait bon clore les paupières, tomber au ralenti à la renverse, s'anéantir sous les doubles rideaux de l'eau.

« Wilfrid ?

— Quoi donc, Wilfrid ?

— Wilfrid, tu as le vertige. Reprends-toi.

— Pour quoi faire ?

— Pour faire quelque chose.

— Je n'ai plus le temps, mais le temps ne m'a pas encore.

— Que penses-tu de Dieu ?

— C'est un...

— Chut ! Tu n'as pas la façon avec lui. Caresse-le. C'est un chat.

— Mon Dieu pardon, je veux prendre un poisson. »

Vingt mètres devant lui s'épanouit le beau rond d'un gobage. Wilfrid fouetta l'air de sa canne, développa sa soie en quelques jets. La mouche se posa avec la douceur d'une plume. Un éclaboussement jaillit sur l'eau et dans le cœur de l'homme. Un bref coup de poignet. La truite prise pirouetta, retomba, bondit encore, voltigeant comme un couteau dans une main. Wilfrid la travailla du bout du scion, l'amena à l'épuisette. C'était un rude poisson d'une livre, étoilé de points rouges. Wilfrid éleva l'épuisette, triomphant :

— Norbert !

Norbert riait en se rapprochant. La robe blanche descendait vers la berge.

— Elle est belle, fit Norbert. Je suis content pour toi.

— On dit ça !

Il enfonça son pouce dans la gueule aiguë de la truite, lui retourna la tête pour la tuer. Il la sortit alors de la raquette, l'admira et la logea dans son panier.

— Quelle veine, reprit Norbert. Comment as-tu fait ton compte, maladroit comme tu es ?

— J'ai prié Dieu.

— Ce n'est pas très sportif.

Wilfrid lui assena une tape sur l'épaule. Norbert riposta. Carole s'était assise sur un tronc d'arbre, au bord de l'eau.

— Ho ! Ho !

Ils lui firent des signes. Norbert hurla :

— Et les fleurs ?

Elle ne bougea pas, les paumes sur les genoux. Norbert rêva :

— On dirait un jaguar qui va boire. C'est quand même beau, non, les jaguars et les femmes ?

— Pas mal...

— En tout cas, on n'aura pas de bouquet pour le tour d'honneur.

Il tira Wilfrid par le bras :

— Tu la vois, celle-là ?

— Où ?

— Au pied du gros rocher, il y a deux roches qui émergent, hein ?

— Oui...

— Entre les deux. Tiens ! Elle a gobé ! Un tout petit rond. Ça doit être un monstre !

Norbert réfléchissait. Le seul angle d'attaque était coupé par l'eau, trop vive et trop profonde à cet endroit.

— Je vais passer derrière, grimper sur le rocher et lui faire descendre ma mouche sous le nez.

— Elle te verra.

— Elle m'oubliera. Je coucherai sur le rocher s'il le faut, mais je l'aurai ! A tout à l'heure. Tu peux regarder, ça vaudra le coup d'œil !

Il s'éloigna, de l'eau jusqu'aux cuisses. Wilfrid cria :

— Bonne chance !

— Merde ! répondit Norbert avec rage.

Le soleil déclinait enfin, barbouillait le ciel de vert et de pourpre. Les ronds de gobages se multipliaient un peu partout sur la rivière. Les poissons montaient. Carole s'estompait dans le crépuscule, toujours immobile.

Wilfrid se remit à pêcher, piqua une truite telle qu'il rejeta pour respecter les règles de ce jeu. Il pensa à Norbert, l'aperçut, à plat ventre sur son fameux rocher. Lui non plus ne bougeait pas. Tout autour d'eux la montagne écarlate semblait, violemment découpée, une viande de boucherie.

Un braillement soudain rompit tout ce charme qui virait au malaise :

— Wilfrid ! Je l'ai !

Norbert s'était dressé sur le rocher, la canne pliée en deux.

— Je l'ai ! Formidable ! Terri...

Le cri se fit brusquement angoissé, Wilfrid vit Norbert lâcher sa canne, battre l'air, perdre l'équilibre et chuter dans l'eau d'une hauteur de trois mètres. Le premier réflexe de Wilfrid fut de rire.

— L'idiot !

Mais son rire s'éteint. Là-bas, Norbert ne barbotait pas, ne braillait pas. Wilfrid hurla :
— Norbert !

Il entendit Carole inquiète appeler elle aussi :
— Norbert !

Au pied du rocher, l'écume s'en était allée. Sans prendre garde à l'eau qui s'engouffrait dans ses cuissardes, Wilfrid se précipita. Il courait comme il le pouvait, trempé jusqu'au ventre. Il aperçut enfin Norbert inerte et retenu par les roches.
— Norbert !

Il vit le filet de sang qui coulait des oreilles de son ami, le sang qui gouttait rouge dans l'eau grise.

Jetant sa canne, il attrapa Norbert par l'épaule. Les yeux grands ouverts, livide, Norbert eut un faible sourire.

— Norbert, bon Dieu, dis quelque chose !

Norbert souriait à la nuit, assommé. Wilfrid se mit à le tirer jusqu'à la berge où s'agitait une forme blanche.

— Wilfrid ! Qu'est-ce qu'il a ?
— Il est K.O.

La voix de Carole s'étrangla :
— Il... Il n'est pas mort ?
— Mais non !

Elle était folle, celle-là ! Mort. Pourquoi pas enterré ?

— Norbert ! Norbert ! Parle, je t'en supplie.

Elle entrait dans l'eau pour le joindre plus vite. Ils le déposèrent enfin sur le gravier de la rive, s'agenouillèrent près de lui qui les regardait toujours sans rien voir. Il ne souriait plus. Ses lèvres frémissaient. Carole pleurait.

Wilfrid grogna :

— Ah, vous, ne pleurez pas ! Vous avez de l'alcool, dans la voiture ?

Elle le fixa, égarée :

— Oui...

— Allez le chercher, vite. Et si vous avez une pharmacie, ramenez-la.

Carole partie, Wilfrid se pencha sur le blessé, murmura :

— Eh, l'ami ! Comment ça va, petit frère ? Tu l'as eue, ta truite, et une belle bosse avec, hein, bourrique ! Norbert ! Réponds !...

Il lui parut que Norbert avait cillé. Wilfrid n'osait pas le toucher. Les oreilles saignaient toujours.

Pourvu... Et l'autre qui ne revenait pas !... qu'il n'ait pas une fracture, cet abruti ! Sa tête a porté sur les roches. Mais non. Ce serait trop bête. Beaucoup trop.

Le jour avait été trop beau, lui aussi. Qu'avaient-ils mangé de si agréable, à la terrasse de cette auberge ? Un poulet à la moutarde. Une

31

bavaroise au chocolat. Qu'y avait-il eu d'autre ? Les bras de la serveuse, oui, ces bras jeunes qui passaient au-dessus des plats. *Et le goût du café.* Et cette fraîcheur qui tombait en pluie des marronniers.

La forme blanche réapparut, tendit à Wilfrid un flacon de vodka. Carole fit, hors d'haleine :

— Il n'a rien dit ?

— Non.

Il porta la fiole débouchée aux lèvres pincées de Norbert. L'alcool coula sur la bouche et le menton sans arracher un tressaillement au blessé.

— Vous avez du coton ? Il faut voir ce qu'il a.

Il aspergea le coton de vodka et, soulevant d'une main la tête de Norbert, nettoya la plaie. Wilfrid soupira :

— Je ne pense pas que ce soit grave. Le crâne, ça saigne toujours beaucoup. La coupure n'est pas profonde. Il nous aura fait peur, c'est tout.

Carole s'était assise, incapable de rester sur ses jambes.

— Vous pensez que ce n'est rien ?

— Je le suppose.

— Mais... ses oreilles...

— Je ne suis pas médecin.

— Mais pourquoi ne dit-il pas un mot ? Il ne geint même pas. C'est horrible, ce silence. Que faut-il faire, Wilfrid ?

— Le charger dans la voiture et trouver un docteur. Il y a un village pas très loin.

Carole ne savait pas conduire. Il la laissa près de
orbert pour rapprocher la 300 SL.

Il fit craquer une vitesse, tout comme l'avait fait
orbert. Ils n'auraient que cent mètres à parcou-
r pour le transporter.

Il prit Norbert par les bras, Carole le tint par les
eds et ils grimpèrent ainsi le talus en soufflant.
e panier de Norbert brimbalait dans leurs
mbes.

— Je me mets derrière avec lui, balbutia
arole. Je l'empêcherai d'être trop secoué.

— Vous n'avez pas la place.

— Ça ne fait rien.

Ils l'étendirent sur l'étroite banquette et Carole,
ssée contre la carrosserie, posa sur ses genoux la
que de son mari.

— Vite, Wilfrid, vite.

Il quitta ses cuissardes, reprit ses chaussures et
Mercedes s'élança sur la route.

Wilfrid ne put s'éviter une bouffée de satisfac-
on. Il la conduisait enfin, la 300 SL.

Quelle voiture.

Non mais, quelle voiture.

Attentif au bourdon du moteur, il n'entendait
us Carole renifler. Les accélérations et les
prises l'enchantaient. A 130, on ne bougeait
s. Virages à 80. Virages sur 4 km. Virages à 90.
ne longue, longue ligne droite. 180. 200. 215.

— Il a peut-être une fracture du crâne ?...

33

Wilfrid faillit rire : « Qui ? », mais ne répond
pas. Le froid l'enveloppa. Il était trempé.

— ... Ou alors... Ou alors, la colonne vert
brale ?

Il claquait des dents. Elle pleurait encore.

« Ne t'en fais pas, Norbert. C'est moi, Wilfri
ton copain. Ce n'est qu'un sale moment à vivr
On en a vu d'autres, toi et moi. Rappelle-toi
Panzer qui nous fonçait dessus... »

— Vous me parlez, Wilfrid ?

— Non. Ah, voilà le village !

Il freina devant un café éclairé, sauta à terr
poussa la porte.

— Un docteur, vite ! J'ai un blessé dans
voiture !

Quatre hommes jouaient aux cartes, qui
considérèrent aussitôt avec intérêt. Le patron le
sur lui d'énormes yeux d'effraie.

— Y a pas de docteur. Celui du pays à côté,
l'ai vu il y a deux heures qui partait dans
montagne. Un accouchement.

— Alors ?

— Alors, faut aller à la ville.

Une détresse l'envahit, il les regarda reprend
leurs cartes, leur journal. Ils ne voulaient pas de
peine.

Il sortit en courant, remonta dans la voitur

— Pas de docteur, lança-t-il en reprenant
volant.

— Pourquoi ?

— Il est dans la montagne. Carole, je vous préviens que je vais foncer. Si c'est grave, chaque seconde compte double.

— Oui, Wilfrid.

Il roula, ivre, dans une sorte de coma qui rejoignait celui de Norbert.

Ça tient la route, une 300. Appel de phares. Norbert, mon vieux. Rétrograde là, ni avant, ni après. Bien joué. On s'enfonce de plus en plus dans la nuit. *The night. La Notte. Die Nacht.* La merveilleuse nuit. Notre seconde patrie à tous. Oui, Norbert, je me dépêche, bon Dieu, regarde le compte-tours. Je vais comme le vent. Ne t'en fais pas. Je ne rentrerai pas dans un arbre. Ça ira bien, ça, très bien. Une semaine de repos. Tu es en vacances. Moi, je passais dans le coin, je suis venu vous dire bonjour. Tu m'as dit : « Reste deux jours avec nous avant de descendre à la mer. On pêchera. Je te prêterai une canne. » Je suis resté, pour te faire plaisir. Etre en vacances avec sa femme, on sait ce que c'est, on s'ennuie. Un camion. A cette heure-là. N'aie pas peur, mon Norbert, je l'ai bien en main, la bagnole. Pour te faire plaisir, oui. Parce que ça m'ennuie de vivre avec vous deux. Moi, plus vous deux, ça fait rourire les gens. Ils se demandent lequel est le mari. Lequel est l'imbécile heureux. Lequel est celui dont il faut rire. Oui, Norbert, on s'en fout, les gens. Mais quand même... Je préfère te voir seul. Tu es seul, hein, en ce moment. On ne peut

35

plus seul. Carole a beau être là, j'ai beau penser
toi, tu es tout seul. Encore quinze kilomètres. E
pas les plus faciles. Slalom géant. Appuie, petit
appuie, si ça casse, on le verra bien. Sacr
Norbert. Je ne t'ai jamais vu sur un lit d'hôpita
Je t'apporterai des oranges, tu n'aimes pas le
oranges.

En se penchant un peu, il apercevait dans l
rétroviseur les cheveux blonds de Carole.

— Il ne bouge toujours pas?
— Non.
— Il a toujours les yeux ouverts?
— Non.

Il l'entendit qui suppliait à voix basse:

— Parle-moi, Norbert, parle, parle. Un seu
mot.

Norbert rouvrit imperceptiblement les yeux

— Il a rouvert les yeux, Wilfrid! Parle, Nor
bert, parle-moi!

Il referma les yeux.

— Il ne peut pas parler...

Mais si, Carole, bon Dieu, je parle. Je ne fai
que ça. C'est toi qui n'entends rien. J'ai peur
Carole, tiens-moi bien. Je n'ai plus de corps. J
suis une bulle. Je vais m'envoler. On me brouill
comme une émission de radio. Quand je me sui
mis debout, les cuissardes ont glissé. *J'ai glissé.* C
n'est pas ma faute. *J'ai glissé.* Non, Carole, je n'a
pas mal. On ne souffre pas, quand on n'a pas d
corps. Tu verras, tu verras, tu verras. *J'ai gliss*

Mais ne chantez plus, s'il vous plaît. J'ai envie de dormir. A tout à l'heure, chérie, chérie, je suis fatigué. Laisse-moi dormir, veux-tu, laisse-moi.

— Wilfrid ?

— Oui ?

— Il est exactement comme s'il dormait.

— Oui, Carole. Tout ira bien. Nous allons river.

Là-bas, oui, la ville brillait dans la vallée. Ces lumières étaient celles du repas du soir. Ils mangeaient. Comment pouvaient-ils manger en un moment pareil ? A l'époque de la baïonnette, on commandait aux soldats de ne pas manger avant une attaque. La baïonnette était plus dangereuse dans un ventre plein. Les gens mangent, et meurent. La baïonnette ne pardonne jamais.

— J'ai glissé.

— Norbert ! Norbert ! Vous l'avez entendu, Wilfrid, il a dit « J'ai glissé » !

— Alors ça va, s'il parle.

— Parle encore, Norbert. Ses lèvres remuent, Wilfrid !

Oui, mais où est l'hôpital ? Non, c'est la mairie. Et ça, le casino. Les hôpitaux ne sont jamais illuminés.

Plan de la ville. Vous prenez la première rue à droite, puis la deuxième à gauche. Une statue sur une place. Une ombre court sur l'avenue. Deuxième à droite, première à gauche. Un train part, suivi par sa fumée.

— Monsieur, monsieur ! L'hôpital, s'il vou
plaît ?

— Ah, je ne sais pas. Vous savez, moi, je sui
en vacances...

Ils sont en vacances et ignorent où se trouv
l'hôpital. Dans la vie sans savoir où se tient l
douleur. L'hôpital !...

Wilfrid qui, jusque-là, avait gardé son calme, s
crispait, désarmé dans cette toile de rues. Il
tournèrent dix minutes en rond. Carole pleurait
pour tout arranger.

Enfin, Wilfrid put bondir, ameuter des infir
miers, des infirmières. Le chirurgien dînait. L
médecin de service dînait. Wilfrid n'avait pa
faim.

L'interne se pencha sur Norbert enfin couch
dans un lit. Il murmura, sans lever la tête :

— Vous êtes sa femme, madame ?

— Oui.

— Et vous, monsieur ?

— Un de ses amis. Il est tombé sur un rocher

— A-t-il parlé ?

— Il a seulement dit : « J'ai glissé. »

— Oui, oui, oui...

Hébétés, ils le regardèrent emplir interminable
ment une seringue. La piqûre faite, il regard
Carole, il regarda Wilfrid.

— Laissez-le se reposer.

— Je reste avec lui, fit Carole.

D'un geste discret, l'interne invita Wilfrid à le
suivre dans le couloir.

— Vous êtes son ami, monsieur.

— Oui.

— Et cette dame est sa femme ?

— Je vous l'ai dit.

L'interne se gratta le nez.

— Je vous informe qu'il est perdu.

Wilfrid blêmit.

— Perdu ?

— Oui, monsieur.

— Mais... la piqûre ?

— Oh, la piqûre... C'était pour faire quelque
chose. Il n'y a rien à faire. Rien. Fractures
irradiées de la voûte à la base. Lésions cérébrales,
probablement. Il aurait tout aussi bien pu mourir
sur le coup.

Wilfrid s'adossait de plus en plus au mur. Un
sifflement emplissait ses oreilles.

— Il peut encore vivre une heure, deux. Ou
dix minutes.

— On... on ne peut pas l'opérer ?

— Non, monsieur. Ici, on ne peut rien tenter.
Même si l'on tentait, d'ailleurs, ce serait inutile.
Ainsi, il est tombé sur un rocher ?

— Oui. Nous étions à la pêche.

— A la pêche...

39

Il ne regardait plus Wilfrid, allumait une cig-
rette.

— Dans ces cas-là, l'enquête administrativ
ajoute à la douleur du veuf, ou de la veuve. C'e
très pénible.

Wilfrid se redressa.

— L'enquête administrative ?

— Oui, monsieur. Il y a enquête même po
un suicide. Quand quelqu'un meurt, on s
demande toujours pourquoi.

— Mais pourquoi une enquête ?

— Excusez-moi, monsieur, ce n'est pas mo
métier.

L'interne s'en alla, furtif. Wilfrid le suivit de
yeux jusqu'au bout de ce couloir d'un blanc d
réfrigérateur.

Norbert allait mourir. Mourir. C'était idiot. O
ne meurt pas en pêchant la truite. Ridicule. Un
enquête. Pourquoi a-t-il parlé d'enquête ? Ah oui
Bien sûr ! Les brutes... Les imbéciles... Ce n'étai
pas Norbert qui allait mourir, mais, surtout, l
mari de Carole... Le mari... Le mari...

Norbert allait mourir, et Carole ne le savait pas
Wilfrid entra doucement dans la chambre.

— Wilfrid ?

— Oui.

— Qu'est-ce qu'il vous a dit ?

— Rien. Tout va bien. On l'opérera demain
Mais ce n'est pas bien grave.

— Vous êtes gentil, Wilfrid. Norbert va mourir.

— Vous êtes folle ! Il a...

— Il a qu'il va mourir. Je le sens qui s'éloigne.

— Ne dites pas cela.

— Je vous le dis. Regardons-le vivre une dernière fois. Regardons-le bien.

Elle était assise. Froide. Ses rides fines, là, au coin de l'œil droit, se creusaient.

— Mais regardez-le, Wilfrid, reprit-elle en un souffle, il s'en va. Il ne reviendra plus.

Wilfrid songea que tout cela était insensé et qu'il aimerait bien s'éveiller, sentir l'odeur du café, voir un soleil jouer comme un chat sur une couverture. Il s'appuya contre un radiateur. Une ou deux heures, ou dix minutes. Il regarda sa montre — neuf heures — puis Norbert que fixait sans faiblir une Carole de pierre. Norbert vivait. Sa respiration soulevait par instants le drap. Un pansement dérisoire lui recouvrait le crâne. Il vivait et, bientôt, quelqu'un dirait de lui : « Il est mort. » Il avait les yeux clos et Wilfrid pensa bizarrement que nul n'aurait la peine de les lui fermer.

« Peut-être les rouvrira-t-il, au moment de mourir ? »

Mourir. Son ami mourait.

C'est mon ami qui va mourir. Pour le bon plaisir du bon Dieu. Il ne sait plus faire que la mort, celui-là. Le salaud. Pas toi, Norbert, Dieu.

41

L'enquête administrative ajoute à la douleur. Il y a la mort de Norbert. Soit. Mais que va-t-il se tramer derrière elle contre nous ? Oui, contre vous, Carole, et contre moi. Il en est ainsi de certaines pièces. On se dit « c'est la fin », et ce n'est pas la fin, et l'on se lève et se rassied deux ou trois fois avant le tomber du rideau...

— Voyez-le vivre, murmura Carole. Il gagne mètre par mètre. Plus personne, plus rien ne le défend. Il vit et meurt devant deux spectateurs.

Wilfrid ne le regardait plus. Ce comique à pansement n'avait rien de commun avec Norbert. Ce qui mourait là, dans ce lit, n'était que l'ombre et la caricature de son ami vivant. Il regardait Carole, Carole assise paisiblement au bord d'un gouffre. Ne pouvait-elle au moins sangloter, comme tout le monde ? Il n'osait ni fumer ni bouger. Il attendait l'instant où ils pourraient partir, eux aussi. Il s'efforçait de somnoler. Il aurait tout son temps, après, pour regretter Norbert ; le vrai, pas celui-là qui n'en finissait pas de faire ses adieux.

Il mourut à vingt et une heures trente.

Les morts dégagent du froid. C'est à ce froid qu'ils s'aperçurent de la disparition de Norbert. Rien en lui n'avait pourtant changé et ils comprirent vaguement que la mort, à ses débuts, n'est qu'une apparence. Voire même une *transparence,* comme sur un plateau de cinéma.

Carole s'écrasa les paumes sur les yeux et demeura ainsi.

Quand Norbert parlait à Wilfrid de la Norvège, où il avait passé trois semaines, Wilfrid n'écoutait pas. Il ne saurait la Norvège qu'en s'y rendant lui-même, personne ne pouvait lui délivrer une Norvège de poche. Voilà que Norbert découvrait sans lui une autre Norvège, et Wilfrid n'était toujours pas intéressé. Le voyageur voyage seul, fût-il logé dans l'autocar.

Cette chambre était d'une tristesse de métro. Mais Wilfrid n'avait pas l'audace de bousculer le chagrin des autres. Carole était une montre tombée à terre. On hésite avant de la ramasser et de constater que le verre est cassé, les aiguilles arrêtées. Et, bêtement, ce fut lui, Wilfrid, qui sanglota debout, sans un geste, témoin impartial de son propre désespoir. Carole, surprise, se leva et remonta le drap sur le front de Norbert. Une infirmière entra à ce moment même. Wilfrid se raidit.

— Nous allons rentrer à notre hôtel. Madame a besoin de se reposer.

L'infirmière les dévisagea et Wilfrid crut revoir l'interne en face de lui.

— Certainement. Quel hôtel ? Il faut que nous puissions vous joindre.

43

A quoi pensait-elle ? Wilfrid se sentit coupable de quelque chose et murmura :

— Hôtel du Lion.

Ils montèrent dans la voiture, mais Wilfrid ne démarra pas. Carole était à ses côtés, gelée, muette, fermée.

— Carole ?

— Oui...

— Ce n'est hélas pas tout. Ils m'ont parlé d'enquête.

— D'enquête ?

— Administrative.

— Qui vous en a parlé ? fit-elle après un silence.

— L'interne. Et l'infirmière.

— L'infirmière n'a rien dit.

— J'ai compris qu'elle y pensait. Comme la mère de Norbert y a pensé, souvenez-vous. Elle voulait que Norbert ne me voie plus. Elle trouvait que c'était dangereux pour votre couple.

— Je me souviens. Et cela vous fait peur ?

— Un peu.

Il hésita, puis répéta :

— Un peu, oui.

Il vit un commissaire, un inspecteur, entrer le lendemain matin à l'hôtel du Lion.

— Vous êtes la femme du défunt, madame ?
— Oui.
— Et vous, monsieur ?
— Un de ses amis.
— Son meilleur ami, peut-être ?

Wilfrid ne répondait pas. Le commissaire, en fumant, mouillait beaucoup sa cigarette.

— Racontez-moi, s'il vous plaît, comment s'est passé cet accident ?

Wilfrid s'exécutait, agacé.

— Oui, oui, oui, oui, oui, marmonnait le commissaire. Qu'en pensez-vous, Calao ?

L'inspecteur Calao se mouchait, regardait son mouchoir, prononçait enfin, des plus neutres :

— C'est bien ennuyeux. Très ennuyeux. C'est ennuyeux qu'il n'y ait pas eu de témoin. Car il n'y a aucun témoin, si je ne m'abuse ?

Wilfrid pâlissait :

— Que voulez-vous signifier ?

L'inspecteur Calao poursuivait :

— Rien, monsieur. Je ne signifie rien par moi-même. Je représente un boulon d'un appareil. Et vous avez le doigt dans cet appareil.

Non, ce n'est pas cela qu'il disait au juste.

Il disait, au juste :

— C'est ennuyeux qu'il n'y ait eu aucun témoin.

Le commissaire tétait sa cigarette :

— Je vous suis, Calao, je vous suis. Personne que madame et monsieur n'a vu tomber monsieur... monsieur... Eider. C'est regrettable.

— C'est horrible, gémissait Carole.

— Mettez-vous à ma place, madame. A ma place, vous seriez obligée d'être dubitative, méticuleuse. Ce qui n'empêche pas, bien sûr, un certain tact.

Wilfrid s'asseyait dans un fauteuil, se relevait aussitôt :

— Autrement dit, monsieur le commissaire, vous nous accusez d'avoir poussé M. Norbert Eider pour qu'il se tue. Vous nous accusez d'être... amants ?

Le commissaire souriait .

— Pas si vite, pas si vite, monsieur ? Monsieur ?

— M. Wilfrid Varan, fit l'inspecteur Calao

— Pas si vite, monsieur Varan. Je n'accuse rien du tout, pas même le sort Je pense à des choses. C'est ma fonction

Wilfrid avait un mouvement d'humeur .

— Ce que vous insinuez, monsieur, prouvez-le !

Le commissaire crachait sa cigarette dans un cendrier aux armes de l'hôtel du Lion.

— Ne nous précipitons pas ! Nous avons la vie devant nous. Je souhaite pour vous que M. Eider soit bien tombé tout seul de son rocher. Prouvez-le, vous.

— Mais comment, nom de Dieu! Nous n'étions que tous les trois!

— C'est ce que je vous reproche. Je ne puis rien prouver, c'est exact. Mais vous non plus.

— Alors?

— Alors, madame, et vous, monsieur, soyez assez aimables pour vous tenir à la disposition de la justice. L'enquête commence.

Et l'inspecteur Calao frappait du doigt, sur l'une des vitres de l'hôtel du Lion, les trois coups.

Carole murmura, absente :

— Je ne pense pas à cela. Norbert est mort.

Wilfrid voulut s'arracher l'image du commissaire et de l'inspecteur Calao de l'esprit pour la remplacer par celle, ultime, de son ami, image toute fraîche qui déjà s'enfuyait comme une lampe sur un chemin.

— Wilfrid, je vous en prie, rentrons à l'hôtel.

Son immense effort de dignité la brisait. Peut-être en voulait-elle à Wilfrid de ne pouvoir s'abandonner aux excès de la grande douleur.

Il ne broncha pas, les yeux dans la nuit.

— Il est arrivé vendredi soir, monsieur le commissaire.

— En voiture?

— Sa DS est là, dans le garage de l'hôtel.

47

— Vous n'avez rien remarqué de bizarre dans son comportement avec la femme ?

— Vous savez, on ne fait pas attention à tout ça quand on tient un hôtel. Un hôtel, c'est fait pour coucher. Les clients paient pour dormir. S'ils ne dorment pas, ça les regarde. Ils peuvent bien tous coucher ensemble !

— Vous avez une opinion personnelle, quand même !

Le directeur de l'hôtel du Lion eut un sourire secret :

— Pour moi, monsieur le commissaire, pas de problème. Tout le monde couche avec tout le monde. Mme Eider est belle femme. Pour un ami de la famille, ça n'avait rien d'une corvée. Enfin, je vous dis ça...

— Je vous remercie. Mademoiselle, vous êtes la femme de chambre du premier étage. Avez-vous remarqué...

— Oui, monsieur le commissaire, oui.

Elle est morne et n'ose respirer que dans les lavabos.

— J'ai vu le monsieur faire de l'œil à la dame.

— Vous êtes sûre ?

— Il m'a bien semblé, oui. Il lui a parlé tout bas, aussi, mais j'ai rien entendu parce que je passais l'aspirateur.

— Notez cela, Calao.

Carole toucha la main de Wilfrid.

— Rentrons, voulez-vous ? Je n'en puis plus.

Wilfrid haussa les épaules.

— Je vous raccompagne, Carole. Mais moi, je ne couche pas à l'hôtel. Je m'en vais.

— Où ?

— Je ne sais pas, mais je m'en vais. Tout à l'heure, j'avais un peu peur. J'ai réfléchi, depuis tout à l'heure, et maintenant j'ai très peur, Carole. Nous ne pouvons pas nous en sortir. On va nous accuser de tout. De tout, vous m'entendez.

Elle le fixa avec dureté :

— Vous êtes stupide, Wilfrid.

— Beaucoup d'autres étaient stupides, qui ont été condamnés. L'innocence n'est rien. Elle fournit même les meilleurs suspects.

— Si vous ne rentrez pas à l'hôtel, vous n'êtes plus innocent, Wilfrid. Vous avouez.

— J'avoue peut-être, mais je suis loin.

— Et moi ?

— Vous ?

Il ne pouvait lancer qu'il n'avait pas songé à elle.

— Oui, moi. Vous fuyez, vous avouez ! Nous ne nous sommes jamais regardés. On m'arrête. Et j'ai beau crier que rien n'est vrai, je suis coupable. Grâce à vous. Ne cédez pas à une minute d'affolement.

Il avait froid, il transpirait.

— Fuyez aussi, Carole. C'est la seule solution.

— Non, Wilfrid. Nous n'avons rien fait.

— Prouvez-le.

— Et eux, eux, qu'est-ce qu'ils prouveront ?

— C'est toute la différence. Ils n'ont rien à prouver, eux. Ils accusent. Et ça se termine par : « Messieurs les jurés apprécieront. » Si les jurés apprécient mal votre tête et la mienne, j'attrape mes vingt ans et vous dix. Je vois tout ça d'ici. Quand ils vous verront, ils trouveront évidente, aggravante, l'envie qu'on peut avoir de vous. Au lieu de ne jamais nous regarder, nous aurions pu nous regarder.

— Vous n'avez plus votre sang-froid, Wilfrid. Ramenez-moi à l'hôtel.

— Comme vous voudrez.

Il mit la voiture en marche. Ils tournèrent lentement dans la ville déjà déserte.

Vous n'avez plus votre sang-froid. Comment s'arrangeait-elle pour l'avoir encore, elle ? Elle était saoule de douleur mais gardait quelque faculté de raisonnement. Et ce raisonnement était de faire confiance aux hommes, à leur justice. Le mouton va à l'abattoir comme au pâturage. Naïve. Fais donc ce que tu veux, idiote. Tu ne m'es rien. Je ne te connais pas. Je m'en fiche. Ah là là, ce n'est pas toi qui serais tombée du rocher ! Nous ne serions pas dans ce trou.

Il ne retrouvait pas l'hôtel. Cette ville n'était qu'un labyrinthe sinistre. Un passant, toutefois, que Wilfrid envia de tout son être. Les passants n'avaient pas, comme lui, à se débattre à la façon d'une mouche collée à un papier.

Ils virent au loin l'enseigne bleue de l'hôtel.

— Arrêtez, Wilfrid.

Il obéit. Elle flanchait. Wilfrid attendit posément. Il ne s'en souciait plus. Elle lui était indifférente. De l'autre côté d'un mur. Jeune, il avait aimé ce type de femmes à peine marquées, pourtant marquées, que l'on rencontre dans les halls de ces gares dont les trains vont nul ne sait où. Elles attendent. Elles figurent des énigmes et, dans leurs yeux aux coins griffés de subtiles pattes d'oie, se lit un amour un peu trouble. L'amour du soir. Les feux arrière de la vie. Ces femmes émeuvent les garçons en quête de violons.

Wilfrid avait depuis longtemps renoncé à cet emploi de chercheur d'or. Il avait su que l'or n'existe pas. Mais qu'il en est de toutes parts d'admirables contrefaçons.

Elle avait une main sur la poignée de la portière.

— Adieu, Carole.

Elle souffla :

— Vous me perdez, Wilfrid. Cela vous est égal ?

Elle l'agaçait. Il voyait sa main trembler sur la poignée, grommela, embarrassé :

— Vous faites ce que vous voulez, Carole. Je

n'ai pas à vous influencer. Je vous ai expliqué ce qui doit arriver, ce qui arrivera. C'est tout.

— Vous faites une bêtise. Une énorme bêtise.

— C'est possible. J'en suis navré pour vous. Mais ne dites pas que je ne pense qu'à moi. Je pense à mon fils. Et à ma mère. Pardonnez-moi s'ils me sont plus importants que vous.

— Vous ne les reverrez plus.

— Si. Un jour.

— Ils croiront...

— Ce sont les seuls qui me croiront. Même s'ils ne me croient pas, ils n'auront toujours pas à me rendre visite à la prison. D'où je serai, j'écrirai aux journaux, au procureur. Je leur dirai que j'ai eu peur. *Peur d'une injustice de la justice.* On me comprendra peut-être.

Elle retira sa main de la poignée.

— C'est affreux, Wilfrid, affreux d'avoir à penser à soi alors qu'il vient à peine de mourir.

— Je le sais, Carole. Lui, il dit « c'est la mort », nous, « c'est la vie ». S'il était dans notre peau, il ne penserait pas autre chose. Ça manque sans doute de grandeur, mais c'est ainsi.

Elle soupira, vaincue :

— Je ne sais pas où aller.

— Vous n'êtes pas obligée de me suivre. Avez-vous votre passeport, à l'hôtel ?

— Non.

— Moi non plus. Si je l'avais, j'aurais passé la frontière cette nuit. Que décidez-vous ?

— Emmenez-moi.

Elle lui pressa le bras :

— Je ne veux pas être seule. Je ne veux pas entrer seule. Si je rentre seule dans cet hôtel, je vais devenir folle.

Il sentit que cette terreur était suffisante pour que Carole le suivît n'importe où, quitte à se raviser au jour. Carole s'accrochait encore à une branche :

— Vous écrirez, n'est-ce pas, aux journaux, au procureur ?

— Certainement.

— Vous avez peut-être raison. Pour rien au monde je ne voudrais être suspecte de quoi que ce soit à l'enterrement de Norbert.

Elle cria, angoissée :

— Mais s'ils l'enterrent tout de suite ?

— Non. Ils le garderont, à l'hôpital. Ils peuvent le garder très longtemps. Jusqu'à la fin de l'enquête.

Elle ferma les yeux. Son visage était vert sous les cheveux pâles.

— Partons, Wilfrid, partons.

Il ne redoutait pas la solitude, lui. Il s'y était installé depuis pas mal d'années, l'avait dotée d'un certain confort moderne. Il eut un regret. Il aurait dû fuir sans souffler mot de ses craintes à cette femme. On l'eût certes traité de lâche. Mais si les hommes devaient être fiers de tous leurs actes, en bloc, les rues seraient encombrées de quidams bombant le torse.

Il ne se résignait pas à démarrer. Il fit, entre ses dents :

— Vous pouvez encore changer d'avis, Carole. Il se peut que je me trompe et que tout se passe bien, cela arrive.

— Non, Wilfrid.

Elle lui pressa plus fort le bras :

— Ne me laissez pas. Il faut partir, vite. Je ne veux pas rentrer dans cette chambre.

Il tourna la clé de contact. Sans rien savoir de l'héritage, il appuyait sur le bouton qui tue le mandarin chinois.

La 300 SL traversait la nuit. Carole, hébétée, s'assoupissait par instants. Ce sommeil fugitif irritait Wilfrid. Elle oubliait déjà Norbert. Pendant ces minutes où sa tête blonde tombait sur sa poitrine, Norbert ne l'habitait plus, Norbert souffrait le martyre de l'oubli. Wilfrid alors s'ingéniait à éveiller sa voisine en prenant trop sèchement un virage. Elle reprenait conscience, son regard errait dans des brumes, et elle avait mal et pensait à Norbert.

— Je vous demande de m'épouser, Carole.

— Et pourquoi, petit Norbert ?

— Parce que.

— Ce n'est pas une bien grande raison.

— Si. J'aimerais vous rendre heureuse.

— Mais je suis heureuse !

Il n'avait plus su quoi dire. Elle avait dit oui, alors. Il lui plaisait. C'était le garçon sympathique, rieur, et sans problèmes excessifs. Elle avait vingt-cinq ans et commençait à rechercher l'abri contre la vie. Norbert fut ce refuge, un épatant refuge situé dans un beau quartier. Ils n'eurent pas d'enfants, car les enfants grandissent.

— Heureuse ?

— Oui, Norbert.

— Tu ne t'ennuies pas, avec moi ?

— Non, mon chéri. Tu es très drôle.

— Je croyais que toutes les femmes s'ennuyaient avec leur mari, uniquement parce qu'il était leur mari.

— Je ne suis pas aussi systématique.

Elle avait du goût pour les boutiques d'antiquaire. Leur appartement fut donc meublé avec le fameux « goût exquis ». Les invités dirent de Carole qu'elle avait du goût, même si ce goût, en définitive, était surtout celui d'un menuisier du siècle dernier ou celui d'un ferronnier du XVIIIe.

— Je suis fatigué, ce soir.

— Veux-tu un whisky ?

— S'il te plaît. C'est ce soir que Wilfrid dîne avec nous ?

— Oui. Nous irons au théâtre ?

— Sans doute. On en avait parlé la dernière fois. Ça lui changera les idées.

— Sa femme n'est pas revenue?

— Non. C'est un sale coup.

— Il s'en remettra vite. Dans le fond, il n'aime personne.

— Egoïste comme tous les hommes, etc. Air trop connu, ma Carole. L'homme est un animal cocu d'abord, égoïste ensuite. Voilà notre exclusivité.

— Il n'est pas question de toi, chéri, mais de Wilfrid.

Le soir, parfois, elle le rejoignait à son agence immobilière. Elle était belle, ces soirs-là, décorative, riche. On la regardait comme une nouvelle voiture de sport. Ils allaient souper, puis boire un verre dans un cabaret. L'été ou l'hiver, elle avait une mer ou une montagne, au choix.

Il avait été, leur chemin, une suite de tapis. Ces tapis venaient d'être tirés avec violence sous leurs pieds et ils étaient tombés, l'un dans la mort, et l'autre dans la nuit. Nuit que les phares de la 300 SL ne changeaient pas en aube. Carole referma les yeux, saignante.

Description de la nuit. Noire ou blanche, elle se renverse et se resserre sur l'amour, et le peuple d'oiseaux de feutre. Une étoile tragique est suspendue au-dessus du mouvement des arbres. Ceux-ci changent de place, reprennent leur air innocent au petit matin.

— Carole?

Elle sursautait.

— Vous ne m'avez pas même demandé où nous allons.

— Non...

— Nous allons nous cacher comme des rats dans la villa d'Omer. Vous avez déjà vu Omer Mass ?

— Je ne sais pas.

— Nous étions sortis ensemble avec Norbert, ma femme et la femme d'Omer. Une soirée terrible, pourtant. Norbert était soûl, Omer vous faisait la cour. Maigre, élégant, avec des lunettes.

— Oui, peut-être.

— Il a une villa à cent cinquante kilomètres d'ici. Omer est en Italie, à cette époque de l'année. Les clés sont toujours sous un pot de céramique bleue. Nous vivrons de conserves et de champagne. Mais nous ne pourrons sortir que de nuit dans le jardin. Personne ne doit savoir qu'un couple habite là.

Ce mot de couple était bizarre. Il sonna si mal à l'intérieur de la voiture que Carole détourna la tête.

Mais qui était Wilfrid ? Elle le voyait depuis quinze ans de temps à autre, mais ne s'était jamais posé cette question. Elle savait qu'elle n'assistait jamais aux vraies conversations de Norbert et de Wilfrid. Il était poli, spirituel, distant. L'ami présentable par excellence. Mais, pour elle, un étranger total. Avait-elle seulement regardé ses mains ?

Elle les regarda, liées au volant. Des mains puissantes, salies par leur journée. Des mains qui avaient vécu avec lui, touché ses femmes et tapé sur des hommes. Des mains vivantes. Carole revit celles de Norbert nouées, blanches, au drap de l'hôpital.

Comme d'un coup de ses propres reins, Wilfrid jetait la Mercedes dans les côtes. Norbert. Oui, Norbert. C'était un ami. Mais cette situation impossible où il venait d'enfoncer Wilfrid jusqu'au cou n'était pas le fait d'un ami. Wilfrid lui en voulait. S'il y avait songé sur l'instant, il aurait mis de force un crayon dans la main du blessé. « Ecris, Norbert, écris vite : je suis tombé tout seul. » Peut-être eût-il été capable d'écrire quelques mots pour les sauver. Peut-être... Mais pouvait-on prévoir qu'il allait mourir ? Pour une truite... La minceur de l'enjeu déconcertait encore Wilfrid. Pour une truite, Norbert s'était tué, avait précipité sa femme et son copain dans un drame imbécile. Ils avaient été cernés, mitraillés en Forêt-Noire par une poignée de SS désespérés. Ils en étaient sortis vivants. Un rocher avait rendez-vous avec Norbert. Une semelle de cuissarde qui dérape sur la pierre, et voilà tout. Fini. C'était inconcevable. Vingt-trois heures trente. Il était mort depuis deux heures à peine. Deux heures ou dix mille ans...

« Mais tuons-nous, bon Dieu, tuons-nous, qu'on en termine avec ce jeu. » La voix de la 300 s'enflait. Wilfrid roulait comme il n'avait jamais roulé. Il n'eut, dans un virage, que le temps de redresser, pas un dixième de seconde de plus. Il en eut une coulée de sueur dans le dos. Carole dit :

— Faites attention, Wilfrid. Ce n'est pas utile.

Il leva le pied. Ce n'était pas *utile,* en effet. Il en fut pourtant blessé. Elle n'aimait pas la mort, cette pauvre idiote. Lui, si. Elle avait à ses yeux des chatoiements bizarres. Elle l'intéressait. Elle ressemblait à des femmes qu'il avait vues en robe du soir noire, pâles, lèvres de sang, énigmatiques, et muettes. Dès qu'elles ouvraient la bouche, elles perdaient ce charme qui le paralysait. Allons, il avait eu peur, lui aussi, dans ce virage. Il se racontait des histoires. Il était comme Carole. Aussi bête. Il ne voulait pas mourir. Il voulut bien le reconnaître mais... mais ce n'était pas pareil, non. Un Wilfrid ne mourrait pas à la façon d'une petite dame blonde.

— Allô, Norbert ?

— Salut, ma vieille.

— Tu viens ? J'ai deux billets pour la boxe. Ça va être terrible.

— Attends que je demande une perme au général. Le général me fait signe qu'il est un peu lasse.

— Alors neuf heures pile au « Boum Boum ». C'est bon ?

— Ça va !

Que deviendrait-il, sans son ami ? Ça n'a pas de prix, un ami. On ne peut pas en acheter. L'existence ne vous les distribue qu'au compte-gouttes, un, deux, trois, pas davantage. Norbert était mort.

— Allô, Wilfrid ?

— Ah, c'est toi !

— Dis donc, ma vieille, mauvaise nouvelle : je suis mort.

— Merde !

— Comme tu dis.

— Tu me téléphones d'où ?

— Peux pas te le dire. Secret professionnel. On va rester un moment sans se voir. Tu n'es pas fâché, ma vieille ?

— Tu aurais pu faire un effort, mourir après moi, par exemple. Je n'aurais pas eu de chagrin.

— Egoïste, va ! Carole n'avait pas tort en te traitant d'égoïste.

— Je ne suis pas égoïste. J'ai beaucoup de peine.

— C'est pour toi que tu as de la peine. Si tu avais du plaisir à me voir, ce n'est pas moi que tu regrettes, mais ce plaisir.

— Tu dis n'importe quoi, Norbert. Comment ça va, à part ça ?

— Ça pourrait aller mieux. Je suis dans le noir.

A un de ces quatre, Wilfrid. Ah, dis donc : Mozart est bel et bien assassiné !

— Au revoir, petit père.

Quelque chose, alors, s'appuya contre son épaule, et le fit sursauter. Carole s'était endormie, sa tête avait roulé tout contre Wilfrid. Elle était épuisée. Il n'osa pas la repousser.

« Pauvre fille », pensa-t-il.

Norbert n'avait pas raccroché :

— Qu'est-ce que tu dis, Wilfrid ? Tu parles à quelqu'un ? A Mozart ?

— Mais non. Je parle tout seul. Ça fait même trente-huit ans que je parle tout seul.

Il passait avec précaution ses vitesses pour ne pas l'éveiller. La voiture se ruait sur la route. Les lumières accrochées encore à quelques fenêtres paraissaient hostiles à Wilfrid.

C'est de vous que j'ai peur. Vous n'êtes pas des lumières, vous êtes des hommes, de tout petits hommes qui ne vivez que pour juger la vie des autres. C'est vous qui me poussez, qui me chassez, vous qui jugez. C'est vous qui huez l'assassin ou l'innocent lorsqu'il descend entravé du fourgon cellulaire. Vous n'avez pas le courage d'être assassin ou innocent. Vous criez « à mort », tapis dans la foule, vous êtes des bons pères, des bons maris, des bons voisins, et des vieux travailleurs, et des employés ponctuels, et des braves gens par-ci, et des honnêtes gens par-là, et vous jugez, et vous voulez du sang. A la rigueur, de la prison. Si vous saviez que je passe devant chez vous, vous sauteriez sur votre téléphone ou vous courriez sonner à la gendarmerie. Mon cœur se serre, lumières. C'est pour vous que je fuis. Le lapin qu'on fusille, on le mange, au moins. Mais moi, moi, moi ? Que vous restera-t-il de moi ?

Absurde, il klaxonna durant toute la traversée d'un village. Pour se venger.

Carole tressaillit. Ses cheveux effleurèrent le nez de Wilfrid. Elle sentait bon. Elle reprit sa place, gênée par cet abandon. Elle sentait bon. Il n'en avait jamais rien su. La voiture quitta la grande route, s'engagea dans un chemin qui serpentait à travers champs. Enfin, ses phares éclairèrent une grille, puis un porche devant lequel elle s'arrêta.

— C'est ici ? demanda Carole.

Wilfrid se frotta longtemps les yeux avant de répondre :

— Oui. Nous sommes arrivés.

SECONDE PARTIE

Une partie de campagne

La clé du porche était sous une pierre plate.
elles du garage et de la maison sous le pot de
ramique bleue. Ces clés étaient à la disposition
s amis d'Omer. Cette demeure perdue était au
rrefour de quoi, Carole s'en posa vaguement la
estion. Elle murmura, pendant que Wilfrid
vrait la porte du garage :

— J'ai l'impression que beaucoup de gens
nnaissent cette retraite.

Il rangea d'abord la voiture.

— A part moi, Carole, ils sont tous en Italie, je
us l'ai déjà dit.

Une statue 1900 trônait dans le parc, tragique et
dicule sous la lune. Ils respirèrent la lourde nuit
été. C'était le calme, enfin. Le moteur s'était tu,
i leur bourdonnait encore aux oreilles. Ils
vourèrent un instant, ahuris, ce qui restait sur
rre d'une certaine douceur de vivre. Un jet
eau, par là-bas. Un ange voleta au-dessus de
urs têtes. Ce n'était qu'une chauve-souris.

— Entrons.

65

Ils pénétrèrent dans une grande salle où cra
quaient les pas. Wilfrid alluma un chandelier

— Je ne fais pas davantage de lumière. Vou
avez faim ?

— Non.

— C'est ça. Nous mangerons demain.

Il s'écroula dans un fauteuil. Carole, debou
regardait la pièce. Un électrophone. Un bar. Un
cheminée de ferme. Un parquet. Des tenture
rouges. Un plafond blanc.

— Buvez un scotch, Carole.

— Non.

— Je vous dis d'en boire un. Cela vous soutien
dra. Vous en trouverez dans le bar. L'eau miné
rale est dans le réfrigérateur.

— Et vous ?

— Je veux bien. Je suis crevé, mais je n'ai pa
sommeil.

Omer était le prince des parties de plaisir. Cett
propriété anonyme était de ses relais. Du plaisi
pris ici ne restait plus qu'une poussière sur le
doubles rideaux. Un goût de vin éventé. Un goû
de rien. Le plaisir est un animal domestique qu
ne s'attache à vous que si vous le nourrissez.
vous omettez de remplir sa gamelle, il part e
quête d'un autre maître et a tôt fait de le trouve
Cette maison n'était qu'un vaste piège pou
l'instant désarmé. Carole ne saurait jamais qu
Norbert y était venu, une fois. Wilfrid le revoya
encore changer les disques en fumant un cigare.

urait mieux fait de danser. Il n'avait pas assez
dansé. Il préférait, cet ingénu, la mouche et le ball-
trap. Il n'avait pas assez, pas assez, pas assez dansé.

Carole revint avec les whiskies.

— Merci.

Ils burent en silence. Le chandelier était loin
d'eux et sa flamme tremblait, où chaviraient des
ombres.

— Wilfrid, resterons-nous longtemps ici ?

— Où voulez-vous aller ? A défaut de l'étranger, ce coin est le seul possible que je connaisse.

— Nous n'allons pas demeurer là des jours et
des jours sans bouger. Comment aurons-nous des
nouvelles ?

— Nous écrirons demain pour expliquer notre
cas. Aux journaux, au procureur, comme nous
l'avons décidé. Nous n'avons pas à rester muets.
Le silence serait plus accablant que la fuite.

— J'écrirai à mon avocat.

— C'est une bonne idée. Si quelqu'un désire
nous joindre, il le fera par la radio.

Elle ne demandait cette nuit qu'à le croire.
Norbert avait trop longtemps conduit pour elle.
Privée de cette main, elle ne savait plus marcher.
Elle retardait d'instinct l'instant odieux de gagner
seule sa chambre :

— Fumons une cigarette, voulez-vous ?

— Volontiers.

Il avisa sa robe blanche tachée par le sang de
Norbert, souillée par l'eau de la rivière :

— Vous pourrez vous changer. Des vêtements sont à la disposition des invitées d'Omer.

— Quelles sont ces invitées ?

— Je ne sais pas.

Il ne le savait vraiment pas.

— C'est une curieuse maison, reprit-elle.

— Assez, oui. Montons nous reposer.

Il alla chercher dans l'office une lampe électrique. Carole le suivit dans l'escalier. Wilfrid lui désigna une porte :

— C'est ici. Je vous laisse la lampe. Tâchez de dormir.

Elle le dévisageait avec angoisse :

— J'ai peur, Wilfrid.

— Je sais. Moi, j'occupe cette chambre. Si vous avez trop peur réveillez-moi.

Il lui serra la main. Elle demeurait interdite sans oser entrer. Embarrassé, il marmonna :

— Courage, Carole. Courage. Moi aussi, j'ai beaucoup de peine.

Elle éclata en sanglots, ouvrit la porte et la referma violemment sur elle. Il l'entendit se jeter sur son lit. Il soupira, pénétra dans la chambre voisine et se déshabilla. Il se coucha, à l'affût des bruits de la nuit. Dehors, une chouette. A côté, les cris étouffés de Carole aux prises avec un fantôme trop neuf. Enfin, l'eau toussota dans une tuyauterie.

Wilfrid ferma les yeux. Des flammes crépitaient sous ses paupières. La fatigue l'écartelait.

Norbert, lui, avançait peu à peu dans l'éternité. L'éternité. Qu'est-ce que c'est, l'éternité. Wilfrid enfonça sa tête dans l'oreiller. La chouette appelait : « Wilfrid ! Wilfrid ! »

En s'effondrant dans sa petite nuit, Wilfrid s'interrogea encore sur l'identité de Dieu. En savoir plus long sur l'éternité.

Quand elle s'éveilla, le jour était venu. Filtrant par les rais des persiennes, le soleil était là, en flaque dans un coin de la chambre. Carole esquissait un sourire quand la mémoire lui revint. Son cœur se serra comme un poing. Elle avait dormi sans cauchemars. Les cauchemars ne se gaspillaient pas, préféraient surgir au matin.

Elle se leva, se rendit dans le cabinet de toilette, se regarda dans le miroir. Son visage était laid, gonflé, ridé. C'était pourtant, ce visage luisant, tout ce qui lui restait pour continuer vaguement à vivre. Elle le lava et le coiffa comme s'il n'eût pas été le sien. Le souci de son avenir lui apparut enfin. S'ils échappaient à la prison, que deviendrait-elle ? Lorsqu'elle avait connu Norbert, elle était secrétaire. On ne retourne pas au secrétariat à quarante ans. Les secrétaires, on les prend jeunes et au courant de tout. Elle n'était au courant de rien, aujourd'hui.

— Carole ?

Cette voix, derrière la porte, la fit tressauter de frayeur. Il lui fallut quelques secondes pour comprendre et se ressaisir.

— Oui ?

— Je vous ai entendue bouger. Voulez-vous du thé ou du café ?

— Du thé.

— Je vous attends en bas.

S'ils échappaient à la prison. Ils n'y échapperaient pas. Wilfrid n'était qu'un imbécile, qu'un enfant. Au pire, on les aurait questionnés une heure, deux. Et l'on aurait vite su ce qu'ils étaient l'un à l'autre, des étrangers. Reposée, loin des phantasmes de la nuit, elle regrettait sa faiblesse. Mieux valait répondre avec calme aux policiers.

— En ce cas, madame, pourquoi êtes-vous partie avec M. Varan ?

— Nous avons eu peur.

— De quoi ?

— D'une injustice de la justice.

— Ah ?... Mais vous êtes revenue.

— Oui. Je préfère informer mon avocat des soupçons qui pèsent sur moi. En Angleterre, je serais protégée par l'*habeas corpus*.

— L'*habeas* ?...

— ... *corpus*. Mais la liberté provisoire existe, malgré tout.

— Ma foi, madame, ce n'est pas à moi de statuer sur votre sort. Ne bougez plus de votre hôtel

70

Nous allons rechercher M. Varan. Il vous a laissée sur la route sur votre demande, c'est bien ça ?

— C'est exact.

Elle leur répondrait sèchement, sans s'émouvoir, en femme sûre d'elle, et digne malgré son terrible malheur. Contente d'elle, elle tendit son pied nu vers le soleil. Il était chaud comme une bouche. Dans les cercueils, il n'y a pas de soleil. Quand la pourriture s'est détachée des corps, pourquoi ne pas exposer les os au soleil ? Les morts seraient heureux, Seigneur, ces morts qui sont les vôtres.

Elle revint au miroir. Cette coiffure ne lui convenait pas. Ne lui convenait plus. Carole se souhaita plus sévère, plus adaptée à la situation. Elle reprit ses épingles à cheveux entre ses dents.

« Monsieur le Procureur, si je me suis éloigné de la justice des hommes, ne prenez pas cette précaution pour une fuite. Ainsi que Mme Eider, je suis empli de crainte. Nous redoutons ces apparences trompeuses qui, hélas, servent trop souvent de chefs d'accusation. Nous avons eu cent exemples d'erreurs judiciaires... »

Il se relut. Ce n'était pas ce qu'il voulait dire vraiment. Ce n'était pas assez. Il fallait la hurler, cette peur, exiger qu'on les entende, qu'on les comprenne, accuser, oui, accuser le monde entier d'iniquité, de *facilité*. Il déchira la feuille. Là-haut, une porte avait claqué.

Carole descendit, les cheveux sobrement tirés en arrière. Elle avait trouvé dans une des penderies une robe de velours vert sombre, des bas, des chaussures.

— Bonjour, Carole. Votre thé est sur la table. Je me suis permis de boire le mien sans vous attendre.

— Ne vous excusez pas.

La pénombre de cette salle imprégnait de malaise toutes choses alors que le soleil flambait dehors. Wilfrid s'était penché sur une autre feuille de papier. Carole voyait se creuser davantage la forte ride qu'il portait au front. Carole s'étonnait. Que faisait-elle ici, à boire une tasse de thé non loin de cet étranger ? Oui, Monsieur le Commissaire, un étranger. Ils ne s'étaient jamais parlé une autre langue que celle de la banalité. C'était un ami de Norbert. Norbert disparu, que faisaient-ils ensemble sans leur trait d'union ? Elle vida sa tasse.

— Wilfrid ?

— Oui, Carole.

— J'ai quelque chose à vous dire.

Il repoussa sa feuille blanche.

— Dites.

— Je suis partie sans réfléchir. J'ai réfléchi. Je rentre à l'hôtel. Ce n'est pas encore trop tard.

Il la regarda froidement.

— Rentrez, Carole. C'est vous qui avez voulu me suivre. Si je vous ai emmenée avec moi, c'est parce que vous étiez la femme de Norbert. Pour vous rendre service.

— Vous avez été très gentil, je vous en remercie, mais je rentre.

Lui aussi n'était plus le même. Il s'était débarrassé de sa défroque de pêcheur et avait revêtu un pantalon de toile et un polo. De sa place, Carole devinait son odeur de lavande. Il lui sourit :

— Agissez comme il vous plaira, Carole. Mais si vous avez trouvé un motif valable, un fait nouveau susceptibles de retourner le problème, soyez assez aimable pour m'en informer, voulez-vous ?

Elle murmura :

— Je n'ai rien trouvé. La vérité me suffit. C'est une force, la vérité. Ils verront bien que je ne mens pas. Ça ne peut pas ne pas se voir, la vérité !

Il souriait toujours.

— Je vous le souhaite, Carole. De tout cœur. Dites-leur que je ne suis qu'un lâche.

— Je leur dirai peut-être.

— Comme la justice est faite par des hommes et que beaucoup d'entre eux sont lâches, il s'en trouvera sans doute un ou deux pour s'écrier : « Il a raison ! Il me ressemble ! C'est mon frère ! »

— Je plaiderai votre cause en ce sens, Wilfrid.

— Je n'en attends pas moins de vous.

A présent, il confectionnait un avion avec sa feuille de papier.

— S'ils vous demandent où je suis...

— Je ne sais pas où vous êtes, soyez tranquille. Je vous ai quitté sur la route.

L'avion s'envola, tomba dans la cheminée.

— Je suis désolé, Carole, mais je ne saurais vous conduire à la gare.

— Dites-moi simplement comment la trouver.

— Allez au village, il y a des cars.

Cette indifférence la vexait un peu. Des étrangers, oui. Pourquoi n'avait-elle pas eu des miettes, seulement, de leur amitié ? C'est la grande aspiration des femmes, l'amitié, le cadeau de Dieu qui leur est refusé. Elles peuvent tout obtenir, tout, sauf cette intelligence gratuite entre deux êtres, cette complicité. Elle n'en avait pas été jalouse, mais il lui semblait tout à coup qu'ils lui avaient caché *quelque chose*, qu'ils avaient vécu sans elle des heures d'exception dont ils l'avaient tenue à l'écart parce que trop dérisoire. Elle sentit qu'une rage lui montait aux tempes. Elle remonta posément rechercher son sac.

Il l'accompagna à la porte qui donnait sur le parc.

— Au revoir, Carole.

— Ne craignez rien, personne ne me verra sortir.

— J'aime autant, coupa-t-il.

Il referma vivement la porte et regarda, par les

fentes des volets, Carole disparaître dans les allées. « J'aime autant », se répéta-t-il en allant récupérer son avion dans la cheminée. Il s'amusa avec deux ou trois fois puis l'abandonna dans un coin de la salle. Il considéra le rouge à lèvres qu'elle avait laissé sur le bord de la tasse, puis s'étendit sur un canapé pour y parcourir un journal vieux de six mois. Il lut d'un œil neuf les résultats de basket-ball car jamais il n'avait prêté la moindre attention au basket-ball. Le silence peu à peu lui fit mal à crier. Il avait compté sur Carole pour faire du bruit. C'étaient, ses pas, ses grincements de portes, sa seule utilité. Il se leva, s'approcha de l'électrophone, déclencha en sourdine un disque de Charlie Parker. Parker. Lui aussi était mort. Elle grimpait le long des corps sa musique, comme un lierre. Wilfrid, rasséréné, reprit son journal et s'attaqua à un problème de mots croisés. Il buta vite sur un irrémédiable « Verticalement. Court dans les steppes. En huit lettres. » Navré, il songea que, si tout s'était bien passé, il aurait pris la route de la mer demain matin. Que penserait Sylvia en ne le voyant pas, Sylvia qu'il avait baptisée Panter Mignon, du nom d'une marque hollandaise de cigares ? Cette pensée le contraria. Il y avait toujours un truc pour gâcher ses vacances. Il n'aimait guère la campagne. Les événements l'y clouaient comme un Christ. Et derrière des volets et des rideaux, le comble. « Ça n'arrive qu'à moi. » Et son fils ? Que

dirait-il, du haut de ses implacables douze ans ?
« Mon papa ? Il couchait avec une dame et il a tué
son meilleur copain. Voilà ce qu'il a fait, pendant
ses vacances. Et ton papa à toi, qu'est-ce qu'il a
fait ? » Wilfrid sauta sur ses pieds. « Ah non, ça
n'est pas possible, ce n'est pas vrai ! » Il s'assit à
nouveau, reprit une feuille de papier.

« Monsieur. Votre journal doit prendre ma
défense. Je ne suis qu'un innocent, ce qui n'est
pas très spectaculaire. Je ne suis qu'un homme
face à une machine qui va le broyer si vous ne
l'aidez pas à arrêter cette machine infernale.
Ecoutez-moi. J'ai peur. J'ai peur. Voici les
faits... »

Une goutte de sueur s'écrasa sur le mot
« peur ». Quatre lettres. Horizontalement.

Elle allait lentement sous le soleil. Quarante
ans, ce n'était pas vieux, à deux. Il était si solide.
Il avait des attentions pour elle. Il la tenait ferme.
Fier de sa femme. « Elle a beaucoup de classe »
disait-on. On le disait parce qu'il était là. Même si
tout s'arrangeait, une ombre de défiance envelop-
perait la veuve. La veuve Carole Eider. « On n'a
rien su au juste, mais... » Quarante ans, c'est
lourd à porter seule. Et ce n'est pas une valise,
personne ne peut les porter pour vous. Il lui

faudrait « recommencer sa vie ». Etait-ce bien souhaitable de recommencer une telle entreprise ?

Elle fouilla dans son sac et prit ses lunettes de soleil.

Même morts, surtout morts, ce sont, les hommes, des égoïstes forcenés. Norbert était mort. C'était simple, en somme. Pratique. A Carole, il ne restait rien. Qu'un appartement de six pièces et deux yeux pour pleurer. Ou une cellule dans une prison. Une cellule où elle vieillirait de dix ans chaque mois. Une cellule sans hygiène, sans masseur, sans régime. Lorsqu'elle en sortirait, elle aurait cent ans. « Voilà, madame, votre bonne foi est reconnue. » Mais elle, elle, qui la reconnaîtrait ? Elle n'aurait plus, sur son corps, le merveilleux regard de la rue, ce regard qui vous aime. Il vous agace tant qu'il se pose. S'il se détourne, c'est à mourir.

Vous ne savez pas quel combat j'ai mené pour, à trente-cinq ans en paraître trente, trente-cinq à quarante. Cela vous fait sourire, cette guerre de chaque seconde pour que la jeunesse reprenne quelques mètres de ce terrain qu'elle abandonne avec l'insouciance de la jeunesse. Cela vous fait sourire. Tout fait sourire. Si je vous ai fait quelque mal, le miroir se charge de vous venger. *Il y a Dieu dans les miroirs.*

Des oiseaux fous chantaient dedans un arbre, et Carole détesta ces oiseaux, et détesta ces fleurs.

Un seul être souffrait au monde, un seul. Pour quoi elle ?

J'avais dix-huit ans. Lorsque j'allais au bal insolente et parée de mes dix-huit ans nets éclaboussants, je redressais la tête, je les regardai droit dans les yeux pour qu'ils les baissent, leur sales yeux de lapin russe tous rouges de désir J'étais la musique. Parfaitement, la musique. E toutes les lumières. Les lumières, oui. Je pensai que tout cela durerait bien autant que moi..

Elle s'assit sur le parapet brûlant d'un peti pont.

... Mais j'ai duré plus longtemps que ce tou cela. Je suis seule. Je suis vide. L'homme s'es retiré de moi comme il le fait après l'amour. J suis perdue. Ils me jetteront dans leurs prison froides. Ils diront que je l'ai tué. Ils le diront et comme en politique, ils se griseront de tout c qu'ils diront. Ils me jetteront parce que je ne sui rien et que je le sais, au fond de moi, que je ne sui plus rien.

Tout ce ciel bleu la fit trembler, et pleurer

Il recopia plusieurs fois sa lettre aux journaux Il l'envoyait à cinq d'entre eux. S'en trouverait-i un pour crier sur les toits : « Il a raison. Mettez vous à sa place. Mettez-vous une seule seconde à sa place. Oseriez-vous laisser votre poignet sous la hache qui va tomber ? »

Il se leva, se versa un grand verre de whisky, pour passer le temps. Au fond de la bouteille, bien sûr, il serait tout à fait passé, le temps. Carole n'avait pas tort en lui demandant ce qu'ils allaient attendre ici. Il aurait pu répondre : « Le déluge. » L'important, lors d'une fuite, est de se cacher. Ils, enfin, il était caché. C'était le principal. Pour le reste, il faisait confiance au poste de radio de la voiture. On appelait bien, à la radio, n'importe qui pour l'informer de la maladie de sa mère ou du décès de son chien. On pouvait appeler un homme pour le rassurer, le prier de n'avoir plus peur du grand méchant loup. Ce pouvait être aussi, cet appel, une ruse pour l'inciter à sortir du bois. Il ne s'arrêta guère à cette hypothèse fâcheuse. Elles étaient, ces idées déloyales, propres à des pervers. La loi et l'ordre n'ont, par définition, rien de commun avec la perversité.

Il hésita devant la bouteille. Irait-il au bout ? Avait-il tellement besoin de s'absenter, de se quitter ? C'était une question d'opportunité. Il enfonça le bouchon d'un coup de poing et s'en alla poser la bouteille dans l'office.

La guerre lui revint à l'esprit par fumées, celles des éclatements des obus de 37, ceux qui partent sec et s'en vont faire « tilt » sur une façade d'immeubles, tout là-bas.

chantait Apollinaire, qu'elle tua.

Lorsqu'ils entraient dans une ville ou un village, Wilfrid, Norbert et les autres n'avaient qu'une image sous le casque, celle de la femme. La mort venait de les frôler de sa neige, ils voulaient, eux, serrer quelque chose de chaud. Les visages de ces femmes s'étaient, pour Wilfrid, dissous comme des sucres. Il ne conservait d'elles que leur rayonnement, non pas humain, thermique. Il lui aurait plu, là, dans le trouble, d'avoir une femme près de lui et de se confondre en sa tiédeur. Il sourit car juillet lui collait le polo à la peau. Il ne s'agissait pas de ces feux-là.

Ce fut à cet instant que retentit le timbre de l'entrée. Wilfrid sursauta. Silence. Sonnerie. Il s'approcha de la porte, furtif. Son glissement avait été entendu, dehors.

— Ouvrez, Wilfrid, ouvrez.

Il tira les verrous. Carole passa devant lui, défaite. Il referma avec soin. Carole était déjà prostrée dans un fauteuil.

— Et alors ? Vous avez changé d'avis en route ?

— Oui.

— Avez-vous vu quelqu'un ?

— Non.

— Vous avez soif ?

— Non, merci.

Ce retour sans gloire amusait Wilfrid. Toi qui pensais aux femmes, vois comme le ciel pratique le pardon des offenses : en voici une. Il ne lui manque rien, pas même les taches de sueur sous les bras.

— Vous devez me trouver idiote, murmura-t-elle.

Cette réflexion le prit au dépourvu. Il ne trouvait rien du tout. Il grogna :

— Mais non, Carole, mais non...

Elle pleurnicha :

— J'ai eu peur de vieillir.

— Ah ?

Croyait-elle donc rajeunir en étouffant entre ces quatre murs ?

— J'ai eu besoin de vous revoir.

Elle rectifia :

— De voir quelqu'un.

Oui, n'importe qui. Elle l'ennuyait. Il approuva, poli :

— C'est tout naturel. Ne vous justifiez pas. Vous êtes chez vous.

Elle parut soulagée. Il demanda bêtement :

— Quel temps fait-il ?

— Quel temps ?... Il y a du soleil.

— Oui, bien sûr.

Non, vraiment, il n'aimait plus que les jeunes filles, qui sont tomates, lapins, framboises, chèvrefeuilles, délicieusement gourdes. Ou plutôt non, ce qu'il aimait... Cela dépendait des jours. Il entendit au premier couler l'eau dans la baignoire et s'aperçut que Carole n'était plus dans le fauteuil.

« Messieurs les jurés, c'est exact. J'aime les femmes. La preuve : la mienne est partie. J'aime les femmes parce que j'aime le néant. Attention, ceci n'est pas de l'esprit facile. Je ne les compare pas au néant. Je dis qu'elles me l'apportent à domicile. Vous ne pouvez pas comprendre. Vous n'êtes que des jurés, de tout petits morceaux de société, sauf votre respect. J'aime les femmes, mais pas toutes. Je les aime tomates, lapins, framboises, et je ne préciserai ma pensée que devant des adultes. Je n'aime pas les femmes de mes amis. Ce que j'aime en mes amis, ce n'est pas leurs femmes, non. C'est leur amitié. Je n'entends plus couler l'eau dans la baignoire et j'en conclus, Messieurs les jurés, que Mme Carole Eider est dans son bain. Nue. Et je n'imagine pas le moins du monde sa nudité. Que voulez-vous que j'en fasse ? Vous ne me croyez pas ? A ma place, vous iriez coller un œil à la serrure. Moi pas. Je n'ai pas cette moralité exemplaire qui vous permet de me juger, etc. »

Il remit le disque de Parker. Ce soir à minuit, il sortirait la voiture et s'en irait poster ses lettres à cinquante kilomètres d'ici, par mesure de sécurité.

Carole était revenue. Elle avait eu peur de vieillir. Cela lui semblait saugrenu. Il s'était accoutumé depuis si longtemps à cette idée qu'elle ne le chagrinait plus. Il avait passé la ligne. Bon, il n'était ni femme, ni coquette, il ne pouvait pas, comme les jurés en question, se mettre à la place de tout un chacun. Mais elle était, cette crainte, d'un dérisoire ! Le populaire est dans le vrai : la peur n'évite pas le danger. Savait-il seulement le compte, lui Wilfrid, de ses cheveux blancs ? Il était vieux depuis le jour de ses vingt-cinq ans. Vieux. Courbé. Cassé. Une ruine.

Elle est nue dans la baignoire, et moi je tourne en rond dans une salle obscure. Est-elle tiède comme les filles de la guerre ? Allons, Sylvia, mon « Panter Mignon », tu entreras sans moi dans la mer. Un autre aura ta bouche fraîche et salée. Je ne partagerai ni ta serviette ni ton lit où crépite le sable emporté de la plage. Moi, ma petite, je vis un drame. Parfaitement, un drame. C'est de mon âge.

Il bâilla. Ce soir, pourtant, il le sentait, il dormirait très mal, avec ce pauvre vieux Norbert pour unique compagnon. Ce soir, il n'aurait plus le recours de la fatigue. Il se surprit à chantonner. Allons, Wilfrid, un peu de pudeur. Ton ami est mort, et tu chantes déjà. N'oublie pas que Carole, au lieu d'être vêtue de mousse de savon, devrait être en voiles de deuil. C'est la consolation des blondes, le noir. Il éclaire la chevelure, il amincit. Et les bas noirs. Parole, Wilfrid, ce sont les curés qui ont découvert l'érotisme, en quelle année, élève Varan Wilfrid ?

Elle avait au moins dans son malheur la satisfaction de pouvoir changer de robe. L'une d'entre elles lui plaisait fort, mais était rouge. Seule, elle s'en fût parée. Elle redouta le reproche muet de Wilfrid et choisit une noire, un peu trop décolletée, mais noire. Certes, ce décolleté... Elle eut un geste d'humeur. Il ne lui était rien. C'était un tout petit bonhomme sans courage, incapable d'affronter des opinions plus ou moins publiques. Elle faillit se déshabiller, prendre la robe rouge, pour le narguer. Pourquoi, la noire était jolie, après tout. Si ma gorge le dérange, il n'aura qu'à regarder ailleurs.

Elle le trouva dans l'office, furetant dans un placard empli de boîtes de conserve. Il se retourna, un bocal de cornichons à la main. « Tiens, se dit-il, elle a la robe que portait Nelly la dernière fois. » Il fit face au placard pour masquer son sourire.

— Vous avez faim, Carole ?

Devait-elle avoir faim ? Elle hésita.

— Il *faut* manger, Carole. Nous n'avons pas de pain, mais il y a des biscottes.

— Je ne mange que des biscottes.

— Ah oui, c'est vrai. Il y a des boîtes de poulet. Ça vous tente ?

— Si vous voulez.

— Carole, faites-moi ce plaisir : laissez-moi m'occuper de la cuisine.

Elle se détendit :

— Entendu. Quelle heure est-il ?

— Midi, comme par hasard.

Les mains sur les hanches, il considéra le placard.

— Nous avons des vivres pour plus d'un mois.

— Où serons-nous, dans un mois ?

— Je ne sais pas.

— Pas ici, j'espère.

— Je l'espère aussi.

Ils déjeunèrent dans la salle de séjour.

— Buvez, ordonnait-il, mais buvez donc !

— Pour oublier ? souffla-t-elle.

— Pourquoi pas ?

Il murmura, brusque :

— Un peu plus tôt, un peu plus tard... C'est notre métier, d'oublier.

— Je ne le pourrais pas, fit-elle au bord des larmes.

— Heureusement que si. De tout ce que l'on nous a donné, c'est la seule chose qui puisse servir.

— C'est horrible, ce que vous dites là.

— Non. C'est merveilleux. C'est pourquoi je fume deux paquets de cigarettes par jour depuis toujours. Grâce au tabac, Carole, j'ai perdu la mémoire ! Quelle chance !

— Je ne veux pas. Je ne veux pas oublier.

— Oh, vous y viendrez !

Norbert avait tout oublié, lui. Radicalement. On pouvait au moins lui envier cela. Carole ne voulait pas oublier, mais reprenait de la confiture de fraises. A la fin de leur repas, la bouteille de champagne était vide. Carole desservit puis regagna sans doute sa chambre, sans un mot. Il la vit partir avec mécontentement. Il n'aimait guère ce genre de solitudes superposées. Personne n'est physiquement seul si quelqu'un bouge au-dessus ou à côté. Il eût préféré la solitude totale, qui ne l'eût pas troublé dans ses pensées. Faux. Tout à l'heure, il avait déploré le départ de Carole. Elles se liquéfiaient, d'ailleurs, ses pensées, sous l'effet de cette chaleur de serre. Il retira son polo, et, torse nu s'étendit sur le parquet. Il s'ennuyait. Il n'avait plus le goût de ressasser sa vie. Une toile d'araignée était accrochée à une plinthe. Il s'en approcha en rampant et fixa l'araignée. Des prisonniers avaient apprivoisé des araignées. Combien faut-il de mois, d'années, pour apprivoiser une araignée ? Celle-ci avait l'air stupide. Il s'allongea sur le dos, les yeux au plafond. Je vous demande un peu, apprivoiser une araignée alors qu'à l'étage respire, et transpire, une femme. La sueur le collait au plancher. Va prendre un bain. S'il montait, ne s'imaginerait-elle pas qu'il recherchait à toute force sa compagnie ? L'orgueil le maintint au plancher.

Elle était au grenier. Elle grimpa sur un tabouret, ouvrit la lucarne. Un clocher se dressait, là-
bas, et elle distinguait des maisons aux toits
bleutés d'ardoises. Des maisons où l'on vivait sans
crainte, où des enfants jouaient, où des chats
s'étiraient. Elle avait l'impression de leur men-
dier, de leur voler un peu de leur précieuse paix.
Elle demeura là, longtemps, fascinée par ce
calme. La campagne vibrait d'insectes et de soleil.
L'une des maisons surtout, la plus proche d'elle,
l'emplissait d'émotion. Sous son fouillis d'ampé-
lopsis et de lumière, elle semblait le bonheur
même. On voit toujours de loin cette manière de
maisons. Les riches les achètent, les pauvres les
admirent. On espère d'elles une simplicité, une
douceur inégalables. Il doit faire bon vivre, là-
dedans. Un vers les définit : « Ah que notre
amour n'est-il là niché... » Rêvez, rêvez, mais
n'entrez pas. Votre amour y périra comme partout
ailleurs. Le chien porte ses puces. Vous portez les
vôtres, et votre peste, et votre rage. Regardez-la
de loin. Le mirage est un phénomène du désert.
Cette maison est le mirage, Carole, dont tu es le
désert. Carole, ne tombe pas de ton tabouret.

Elle aspirait l'air tiède, parfumé, l'air libre. Elle
attendait là que sonnent les cloches. Coulée dans

cette tranquillité céleste, elle se surprenait à songer que tout n'était pas fini, peut-être ; que ces mésanges noires et vertes chantaient un peu par altruisme et pour elle ; qu'il lui restait du temps, à défaut de pleine vie ; et que la vie végétative n'est pas sans agrément, puisque fleurissent et même refleurissent les végétaux. Les cloches sonnèrent, et elle en éprouva comme une gourmandise de Dieu, due à son vague à l'âme et à ces instants littéraires. Elle demeura béate. Un chien aboyait. De ce grenier anonyme s'élevait une bouffée d'enfance éventée, mais de quelle enfance ? Cette « folie » provinciale datait de la fin du XVIIIᵉ. Toute une poussière de souvenirs y était suspendue à l'affût d'une illusoire résurrection. Carole passa ainsi deux ou trois heures parfaites.

Il dut malgré tout monter à l'étage, où étaient situées les toilettes. Il vit ouverte la porte qui menait au grenier. « Qu'est-ce qu'elle fabrique, là-haut ? » songea-t-il. Il en profita pour s'allonger dans la baignoire et rêvasser dans l'eau.

Si quelqu'un nous voyait, ce qu'il voudrait rire ! On se connaît depuis quinze ans. Résultat, on ne se connaît que de vue. Je parle russe, elle chinois. Elle se cache, et moi je fuis. Elle descendit pourtant, un livre à la main. Il consultait des cartes routières. Ils se sourirent une seconde, comme dépaysés. Ils ne savaient plus quoi se dire.

A la nuit, il ouvrit encore quelques boîtes. Ils

dînèrent en silence, se contraignant parfois à échanger quelques paroles. Après quoi il se rendit au garage, furieux. Elle était à son égard aussi froide que s'il avait poussé Norbert. Or, si cette femme n'avait jamais existé, sa vie, sa liberté à lui seraient-elles aujourd'hui menacées ? Il se résigna car elle devait, en somme, penser la même chose de lui.

Une odeur fade retint son attention. Il ouvrit le coffre de la 300 SL, avisa le panier de pêche de Norbert. Les truites pourrissaient, les jolies truites à points rouges. Norbert pourrirait de même plus tard. Le cœur chaviré, il les jeta dans une poubelle.

Il s'assit dans la voiture, alluma la radio et se mit à traquer sur les ondes les divers bulletins d'information. On parlait de tout, de grèves, de voyages officiels, de football, de guerres présentes ou futures, de tout, sauf d'eux et de Norbert. Lorsqu'il en fut convaincu, il demeura perplexe. Que signifiait donc ce silence ? La police craignait-elle de leur donner l'éveil ? Ridicule, puisqu'ils s'étaient enfuis. La mort de Norbert n'offrait-elle, aux yeux des journalistes, aucun intérêt ? Il en fut outré pour son ami. Il s'arrêta à cette évidence sans gloire. L'Interpol n'était pas à leurs trousses. Ce serait un garde champêtre qui les appréhenderait.

Il chercha machinalement une émission de jazz

et, dubitatif, la tête renversée, fit des ronds superbes avec la fumée de sa cigarette.

Le lendemain mardi, tout recommença comme la veille. Le même soleil inutile était là, qui cognait aux volets toujours clos. Contrairement à ses prévisions, Wilfrid n'avait pas mal dormi. Il avait même, au lit, lu un roman policier sans trop songer à sa situation.

Le matin, il dévala l'escalier, prépara le café dans l'office, en but une tasse. Il aurait fait bon partir à la pêche. A la pêche, Wilfrid ? Il soupira. C'était mort, cela aussi. Il avait tué beaucoup, en se tuant. Il reviendrait ainsi chaque jour pendant...

Aujourd'hui, je marche au scotch. Entre l'autre, là-haut, qui s'exprime en points de suspension, et l'ami qui n'en finit pas d'en finir, j'ai la bonne place. Et tout ça dans une maison que j'ai connue plus guillerette. Wilfrid, mon frère, inscris ça au programme : on noie les chagrins.

Il but une seconde tasse de café. L'idée lui vint d'en monter à Carole. Si elle le recevait mal, il lui jetait la tasse à la figure et simulait pour rire une épouvantable crise de folie. L'idée était absurde, il se hâta de la mettre à exécution avant d'avoir la raison d'y renoncer. Ç'avait été jusque-là le propre de beaucoup de ses actes, ce qui lui avait permis d'éclairer sa vie de fantaisies mémorables. Et le voici déjà sur le palier, son café à la main.

— Carole !

Elle bougea dans son lit.

— Qu'y a-t-il, Wilfrid ?

— Vous voulez du café ?

— Attendez, je descends.

— Ce n'est pas la peine, je vous l'ai apporté.

Elle devait froncer les sourcils, hésiter.

— Je peux entrer ?

— Faites.

Elle était en pyjama bleu, recouverte d'un drap jusqu'à la poitrine. Elle se força à sourire :

— Que me vaut cette délicate attention, Wilfrid ?

Elle prit la tasse. Il s'assit sur la carpette.

— Que vous vaut ? Rien, Carole. Mais je m'ennuie. J'en ai assez.

— Déjà ?

— Oui, déjà. Je ne suis pas votre ennemi. Un étranger n'est pas forcément un ennemi, et vice versa.

Elle s'était assombrie.

— Pourquoi me dites-vous cela, Wilfrid ?

— Ne prenez pas cet air. Je ne suis pas venu pour vous violer.

— Je vous en prie, Wilfrid !

— Ne renversez pas votre café. Tant que nous serons ensemble et coincés là, vous serez ma camarade. Nous sommes embarqués sur le même

91

bateau. Cela comporte une certaine solidarité, camarade Carole. Je vous parle comme à un homme.

— Parlez-moi comme à une femme.

— Bien. Malgré votre douleur, mon petit, n'oubliez pas pourquoi vous êtes ici. N'oubliez pas que nous sommes deux.

Il baissa la voix :

— Dans le fond, dans le fin fond, je n'aime pas être seul. Et pourtant, moi, j'ai de l'entraînement...

Il entrevit une confiance en ses yeux et en fut soulagé. Il n'admettait, des autres, ni indifférence, ni hostilité. Pour ceux-là, Wilfrid avait de la rigueur. Beaucoup, et beaucoup moins vis-à-vis de lui-même, comme bien des charmeurs.

— Alors, mon café ?

— Très bon. Merci.

Il la regarda. Tout à coup, cette chambre sentait la femme. Une moiteur lui vint, aux paumes. Il se mit debout et sortit. Il lui proposait une camaraderie à l'instant même où cette chambre sentait la femme, n'importe quelle femme, mais la femme. Dans la salle de bains, il fit couler longuement l'eau froide sur sa nuque et ses poignets.

Il était ainsi penché sur le lavabo quand se bloqua net son rein droit. Depuis vingt-quatre heures, Wilfrid éprouvait certaine difficulté à uriner. Il n'y avait pris garde, plus préoccupé par les événements que par cette gêne. Et là, en traître une paralysie subite le ceinturait. Il ferma le robinet et se redressa, inquiet. « Qu'est-ce que c'est que ce truc-là ? marmonna-t-il. Ce ne serait pas... » C'était. Il voulut espérer que ce n'était pas. Il s'assit sur la chaise peinte en blanc. C'était une douleur tranquille et sourde, une main qui serrait sans se relâcher. Il attendit sans bouger qu'elle s'en aille, qu'elle suive son chemin de petite douleur, qu'elle parte pour un autre corps. Elle resta. Elle s'installait en lui. Elle était là comme chez elle. Et l'angoisse se déplia en Wilfrid comme une fleur japonaise.

Une poussée de sueur chaude, écœurante, lui mouilla le visage. C'était cela. C'était déjà arrivé, voilà une dizaine d'années. Ce souvenir redoubla ses nausées. Il savait qu'un supplice allait à lui sans rémission. Un supplice dont il n'osait pas même chuchoter le nom barbare. Les docteurs disaient de cette torture qu'elle égalait, ou dépassait, les affres de l'accouchement. La colique néphrétique s'allumait peu à peu qui, tout à l'heure, le dévorerait de ses pinces, de ses braises et de ses coups de couteau. Il eut un geste gauche pour la chasser de lui, un mot grotesque pour l'implorer : « Non ! Non ! » Il s'écroula à genoux devant le lavabo et se mit à vomir. Le café d'abord. Puis le dîner. Puis ses entrailles. Puis sa vie. Il crachait et toussait et pleurait et perdait aussitôt toutes notions d'espace et de temps.

Son rein droit tentait d'expulser une pierre, de la forcer dans l'uretère, canal qui offre le calibre d'une plume de corbeau. Le but de la pierre était la vessie, la distance à parcourir, quelques centimètres.

— Mon Dieu, mon Dieu !

Il n'aurait déjà pas su dire s'il s'était écoulé, depuis le départ de la crise, dix minutes, ou une heure. Il mourait de chaleur. A quatre pattes, il se traîna vers la fenêtre, décrocheta les persiennes, les écarta avec fureur. L'éclat du jour le frappa aux yeux.

Une bête était grimpée sur son dos et le mordait. Il étouffait. Il arracha son maillot de corps.

Il renversa la chaise en voulant se remettre sur ses pieds. Il aperçut alors Carole devant lui, épouvantée.

— Qu'avez-vous, Wilfrid ? Vous êtes malade ?

Il serra les mâchoires, eut un sourire lamentable :

— Ce n'est rien, Carole, rien.

Elle était à genoux près de lui :

— Vous êtes pâle comme... Comme...

Elle n'osait dire « un mort ». Il bégaya :

— N'ayez pas peur. On n'en meurt pas. C'est une crise de coliques néphrétiques. Laissez-moi.

Il ne put contenir un long gémissement.

— Laissez-moi, Carole. Je ne peux pas souffrir à mon aise, si vous êtes là.

— Oh Wilfrid, c'est affreux.

Il eut la force de ricaner :

— Il ne nous manquait plus que ça, hein. Et ce n'est pas beau à voir, dites. Partez.

Elle hésita.

— Voulez-vous que j'aille chercher... un médecin ?

— Non !

Il hurla :

— Partez !

Elle se redressa, recula vers la porte.

Il vomit encore, avec délices cette fois. Quand il vomissait, agrippé au lavabo, il songeait moins à la douleur. Il eût aimé vomir sans trêve. C'était bon. C'était doux, auprès de l'enfer qui flambait en son corps.

Carole n'était plus là. Il parvint à se lever, se vit dans la glace. Il était livide, trempé de larmes et de sueur. Son visage l'étonna. Selon lui, il ne reflétait vraiment pas grand-chose de son mal.

— Allons, Wilfrid, grogna-t-il, allons mon gars ! Chante ! Tu es un homme !

Il bredouilla une chanson. Il s'arrêtait, défiguré par une grimace, puis reprenait son petit air. Une pesanteur énorme se précisait dans la région lombaire. Dans le bas-ventre en particulier. Il avait à cet endroit-là l'impression de supporter un poids fabuleux, et qui croissait encore à chaque seconde. Sa chansonnette se brisa. Hagard, collé au mur, il regarda le ciel.

— Ce n'est pas vrai, ce n'est pas vrai. Ce n'est pas possible. Ce n'est pas vrai.

Cette souffrance avait, en fait, des aspects irréels. Les paroxysmes rejoignent parfois un des versants du rêve. La pharmacie. « Imbécile ! » La pharmacie. Il se rua vers le placard, connut là une nouvelle épreuve. Il lui fallait un semblant de conscience pour lire les étiquettes des tubes ou des flacons, les identifier, en comprendre l'usage. Il le fit avec héroïsme, soutenant d'une main son ventre écrasé sous le Poids, ce Poids imaginaire qui devait dépasser la tonne. Il n'y avait que des babioles dans ce placard, des lotions contre les moustiques, beaucoup de cachets pour l'estomac ou la gueule de bois, des médicaments de femmes, des anticonceptionnels, des sels, de la teinture d'iode. Omer avait tout prévu sauf la douleur majuscule. On utilise en vérité plus d'excitants que de calmants dans les parties de plaisir. Wilfrid ne trouva qu'un tube de comprimés d'aspirine. Et, à l'intérieur de ce tube, deux comprimés. De quoi combattre une migraine. Il les avala, accablé, but un verre d'eau qu'il rendit aussitôt sur le carrelage.

Wilfrid quitta la salle de bains et alla s'écrouler sur son lit. Il lui parut que centuplait sa peine, qu'elle était moindre lorsqu'il bougeait. Il se tordit en mordant les draps à pleine bouche, se releva et s'élança dans le couloir. Il descendit l'escalier quatre à quatre, le remonta en courant, tel un fou. Il se mit à galoper dans la maison en se heurtant aux meubles. Il espérait qu'une fois épuisé il tomberait et sombrerait dans le sommeil. Le sommeil. Jamais il n'avait tant convoité cette plage. On ne pouvait rien pour lui, rien. On lui avait en vain injecté de la morphine, lors de sa première crise. Il faillit renverser Carole, sur le palier. Il se jeta dans un coin et la regarda comme le fauve fixe le chasseur qui va lui donner le coup de grâce. Il s'accroupit pour alléger l'abominable poids qui le tirait au ventre. Il eut un sourd cri de détresse. Une main fraîche se posa sur son front. Il étreignit en pleurant les jambes de Carole droite devant lui. Elle parlait avec douceur, « comme parlent les poissons ». Elle parlait à un enfant :

— Mon petit, mon petit garçon. Ne souffrez plus. Je suis là. Serrez-moi, oui, serrez-moi, vous n'aurez plus mal, mon pauvre petit garçon.

Elle était tendre et caressait les cheveux mouillés collés sur le crâne. Il tentait de tout son être de s'évanouir. Mais la douleur comprenait tout, n'était dupe de rien ni de personne. Elle se débattait, lucide. Il n'ouvrait plus les yeux, attentif aux efforts du minuscule caillou. C'était, ce caillou gros peut-être comme une fourmi, un crabe, un bec de pieuvre. Il souffla entre ses dents :

— C'est un enfantement, Carole. Et mon enfant c'est une pierre. Pas d'amour à attendre d'une pierre.

— Calmez-vous, Wilfrid, je suis là.

— Elles sont bonnes, vos mains.

La mort serait venue qu'il l'aurait accueillie avec indifférence, sans la voir. Il n'aurait pas songé à se la donner — encore qu'il soit d'usage d'éloigner du néphrétique en crise les armes et les couteaux de cuisine — mais son impuissance à se défendre contre un gravier engendrait en son esprit toute une soumission à la fatalité. Il ahanait, vidé, sans réflexe. Les mains de Carole se promenaient toujours sur sa tête, légères. Il secoua avec fureur la tête, pour les chasser.

— Vous ne voulez plus de mes mains ?

— Non ! Foutez-moi le camp ! J'ai mal. J'ai trop mal.

Il se vautra sur le plancher, le nez dans la poussière. La ceinture de plomb s'alourdissait toujours. Il en fuyait l'emprise en se tordant à la façon d'un ver touché par une goutte d'essence de térébenthine.

Il se redressait, joignait les deux mains, à genoux, sans se soucier de Carole qui ne pouvait s'empêcher de trouver la scène extraordinaire :

— Mais pardonnez-moi, nom de Dieu ! Pardonnez-nous nos offenses comme nous pardonnons à ceux qui nous ont offensés. La suite, Carole, vous savez la suite ?

Elle hocha la tête avant de murmurer :

— Et ne nous laissez pas succomber à la tentation, mais délivrez-nous du mal, ainsi soit-il.

— C'est ça, mon Dieu, c'est ça, délivrez-nous du mal, délivrez-nous du mal, délivrez-nous du mal.

Il retomba, ses ongles crissèrent sur le plancher et il hurla :

— Foutez le camp, tous ! Ah, Carole, ce n'est pas bien de vous moquer de moi ! Je vous déteste ! Foutez le camp !

Il s'étendit sur le dos sans arriver à distinguer le plafond. Il retint sa respiration. Le silence était là, comme une brume. Carole était partie. Il porta sa montre à ses yeux. La crise durait depuis quatre heures. Carole devait s'ouvrir placidement une boîte de conserve. Il se traîna dans la salle de bains, s'efforça d'uriner avec désespoir, avec rage. Il aurait voulu s'ouvrir le ventre comme une boîte de conserve et en extirper ce silex et ce poids de pendule. Il referma violemment les persiennes. Quelqu'un était sans doute passé, qui parcourait à présent le village en criant qu'il avait vu les assassins d'Eider Norbert dans la maison. Wilfrid enfila sa veste à même son torse nu, descendit l'escalier en se cramponnant à la rampe. Carole lisait, dans un fauteuil. Wilfrid se dirigea lentement vers la porte.

— Où allez-vous ? fit Carole.

Il eut un sourire d'idiot.

— Je vais au village. Un type nous a vus et il est en train de nous dénoncer.

Elle demeura impassible :

— Vous en êtes sûr ?

— A peu près. Alors je vais avouer tout ce qu'ils voudront, tout, que j'ai couché avec vous, que c'était merveilleux, que j'ai tué Norbert, et puis, après, j'irai voir un docteur. Il me fera des piqûres. Peut-être que ça ira mieux. La dernière fois, ils s'étaient trompés, ils m'avaient donné de l'eau au lieu de la morphine. Il faut qu'ils me soulagent. Il le faut. Sans ça, je vais crever.

— Restez ici, Wilfrid.

Il la fixa méchamment :

— Vous ne comprenez donc rien ? Il faut pourtant comprendre. Je vais crever comme Norbert est crevé, crevé.

Elle haussa les épaules, reprit son livre :

— Ne soyez pas imbécile. Je vous prie de rester ici.

Il larmoya soudain :

— Laissez-moi sortir. Ils me feront de la morphine. C'est épatant, la morphine. On est dans un bateau. Dans le ciel.

Elle alla à la porte, la ferma à double tour et garda la clé dans sa main. Wilfrid eut un rictus :

— Je peux passer par les fenêtres !

Elle luttait contre un gosse :

— Vous souffrez moins, Wilfrid. Vous parlez beaucoup.

— Oh si, je souffre. Mais je suis un héros. Norbert ne vous l'a jamais raconté, que j'étais un héros ? J'ai la croix de guerre.

Il se mordit les lèvres, s'adossa au mur, absorbé par son terrible travail. Il ricana :

— La croix de guerre, parfaitement ! Avec des palmes ! Comme les canards ! Et j'aurai la Médaille de la Colique Néphrétique ! Donnez-moi le whisky, je veux boire toute la bouteille pour dormir, dormir !

— Ce sont vos reins qui le boiront, ce whisky, pas vous.

— Ah ?

Il ne devait plus même savoir où il était. Il venait de glisser sur le tapis.

— Ah, vous me faites rire, hurler de rire. J'ai une vie intérieure du tonnerre, moi. J'ai un caillou qui vit, qui respire, qui se promène. Comment l'appellerons-nous, ce cher petit ?

Couché sur le flanc, il leva un doigt solennel :

— Et caillou le fruit de mes entrailles est béni !

Elle constata, en refermant son livre :

— Vous parlez beaucoup de Dieu, depuis que vous souffrez.

Il soupira, entre deux plaintes :

— C'est pour rire, Carole. Il ne croit pas en moi, je ne crois pas en lui.

— J'y crois, moi.

— Alors, soyez gentille, puisque vous le connaissez, dites-lui d'arrêter ses vacheries.

Il n'avait plus de courage. Il ne voulait plus s'en aller sur la route. On l'eût cru possédé du démon. « Au Moyen Age, songea-t-il, ils devaient nous brûler. » La douleur remontait d'un degré. Wilfrid se raidit pour supporter ce nouvel assaut. Il regagna l'étage, décidé à ne plus s'offrir en spectacle. Il décréta que la douleur n'existait pas. Lui aussi ouvrit un livre. N'importe lequel.

— *Réveille-toi, sinon je t'enferme dans la glacière.*

L'homme-tronc murmura entre ses dents :

— *Chiche !*

Il mesurait cinquante centimètres. Il vivait avec sa mère. En été, les marchands de glace se le disputaient. Ils le plaçaient devant leur boutique pour attirer la clientèle.

— *Essayons d'abord le chapeau.*

Il posa un grand chapeau vert, rutilant et pointu sur sa tête.

— *Tu es irrésistible ! Toutes les filles du quartier t'appartiennent.*

— *Ta sœur aussi.*

Le marchand hésita. Il savait que l'homme-tronc avait mauvais caractère. Il ne répondit pas, reprit sa place derrière les cornets.

Hors d'elle, la douleur rajouta du lest. Le poids plia Wilfrid en deux. Ainsi cassé, il fit les cent pas en trottinant dans le couloir, le livre à la main. Il ne suait plus. Il n'avait plus de sueur, ni de larmes. Quand il touchait un mur, ce mur était mou sous ses doigts. Le soir était venu, furtif, qu'il n'avait pas vu arriver. Où était passé tout ce temps, Wilfrid n'en savait rien.

Dans la petite salle, il y avait une dizaine de tables qui étaient dispersées avec des gargoulettes. L'homme-tronc remua la tête :

— Ton chapeau est trop étroit. J'ai mal.

Le marchand trouva le moyen de se venger.

— Si tu n'es pas content tu peux t'en aller.

L'homme-tronc blêmit de rage. Il siffla entre ses dents :

— Ta sœur est libre aujourd'hui ?

Wilfrid, bouche ouverte pour happer l'air fade, marchait toujours. Combien de kilomètres avait-il ainsi parcourus depuis le matin ? Ce chemin de croix sans croix n'aurait donc pas de fin ?

Le marchand bondit. Il le débarrassa du chapeau, souleva le filet dans lequel il se trouvait, ouvrit la glacière et le flanqua à l'intérieur comme une pastèque.

La douleur lui arracha le roman qui claqua sur le sol. *Ne te retourne pas, Kipian,* de Vahé Katcha, lut-il encore sur la couverture avant de s'abattre à genoux pour la millième fois de la journée. Ne te retourne pas, Wilfrid.

Quelqu'un le regardait. Il reconnut ce regard. C'était dans une rue d'un port de Méditerranée. Une jeune putain d'une fraîcheur de fruit. Son regard en dessous de communiante. Tous les charmes du monde pour un billet. Pourquoi ce regard ? La jolie putain s'en alla. Les poings à l'aine, il était près de la porte entrebâillée du grenier. Il entendit, lointaines, les cloches de l'église, les cloches dont le bruit angélique s'égouttait par la lucarne. Des vêpres, ou un angélus. Il n'osa plus faire un geste. La douleur satisfaite, repue, semblait l'abandonner après ce dernier coup de serpe. Semblait.

Vue du plafond. Désert où va le chameau particulier d'une mouche. On n'y suspend ni paysage ni marine. Cet ennui rectangulaire et blanc descend. L'œil s'y perd et jamais ne revient à l'envoyeur.

Il ne respirait plus, se tassait dans un coin pour qu'on l'oublie enfin. La bête était vivante, sans aucun doute, et s'apprêtait à le meurtrir encore s'il avait le malheur de bouger. La douleur s'en allait dans la nuit comme un train. Il l'entendait gronder encore sous sa chair mais, de quart d'heure en quart d'heure moins limpide, moins étincelante. Le Poids diminuait à regret. Wilfrid gardait l'immobilité. La voix de Carole l'atteignit :

— Vous souffrez toujours ?

Il mit un doigt sur ses lèvres :

— Moins. S'il vous plaît, taisez-vous.

Oui, la douleur pouvait les entendre. Carole repartit sur la pointe des pieds. Wilfrid attendit encore, dans le noir, assis sagement. Il battit des paupières, doutant de cette félicité : un paradis se profilait, celui du sommeil. Il gagna sa chambre avec des précautions de fantôme et s'allongea sur son lit. Ses muscles étaient de bois, ses os tordus, ses nerfs éparpillés et dénudés comme un fouillis de fils électriques. Inerte et sans pensées, détaché de ce corps roué vif, il guetta le néant. Ces rideaux frémissaient, Wilfrid le devinait. Quand ils s'écarteraient, le bienfaisant repos l'emporterait.

Il ne vit pas s'écarter les rideaux. Il s'était endormi.

Le lendemain mercredi, Carole frappa à la porte de Wilfrid. Il ouvrit un œil et, aussitôt, les souvenirs atroces de la crise l'empoignèrent à la gorge et à l'estomac. Carole frappa encore.

Wilfrid fit, très bas :

— Entrez.

Elle portait, sur un plateau, deux tasses de café.

— Aujourd'hui, c'est mon tour, dit-elle en souriant. Comment allez-vous ?

— Ça va. Moulu, fourbu, inquiet, mais c'est fini. Dites-moi si mes cheveux sont tout blancs.

— Pas encore.

— Alors, ils ne le seront jamais.

Il hésita.

— Je n'ai pas été odieux avec vous, Carole, hier ?

— Mais non.

— Je me rappelle que je voulais sortir.

— Je vous en ai empêché.

— Vous avez bien fait.

Il respira à pleins poumons. Une énorme joie de n'avoir plus à souffrir le remplissait de bulles. Il coula un regard vers Carole. Il se rappelait aussi avoir eu sa tête dans sa jupe. Il sentait encore les mains de Carole posées sur sa tête. Pour elle, il ne devait rien se rappeler de tout cela. Il avala son café, ivre de reconnaître au passage un de ces plaisirs minuscules qu'il avait cru perdus.

— Je vous remercie.

— De quoi ?

— Du café. De tout. Je me souviens que vous m'avez parlé.

Elle rougit.

— Vous n'étiez plus qu'un enfant qui souffrait. Je vous ai traité comme un enfant.

— Je ne sais plus. Mais cela m'a fait du bien.

— C'était tout naturel.

Elle évita ses yeux.

— J'étais horrible, Carole ?

— C'était horrible. Pas vous.

— Oui, c'était horrible...

L'insuffisance du mot le rendait en somme suffisant.

— Est-ce que cela peut... peut vous reprendre ?

— On ne sait pas. La première fois, c'était il y a dix ans. Je n'y pensais plus. On évite d'y penser.

Il alluma avec délices une cigarette. Le soleil, le

106

café, la cigarette, tout de la vie retrouvait ses teintes habituelles.

Et ses soucis. Il murmura :

— Avez-vous écouté la radio, hier soir ?

— Oui. Rien.

— Rien ?

Il réfléchit, laissant éteindre entre ses lèvres la cigarette. Il ne savait plus quoi conclure de ce mutisme. Il y avait sous ce silence tout un marais qu'il ne pouvait percer.

— C'est étrange, Wilfrid.

— Oui.

Il s'arrêta à la fâcheuse idée qu'il avait déjà eue : la mort de Norbert n'était pas considérée comme une information digne des chaînes de radio. Comme Carole n'avait pas, ce matin-là, l'air d'une femme qui a pleuré toute la nuit, il s'empressa de lui faire part de cette constatation désenchantée. La bouche de Carole trembla, et Carole pleura un peu.

— Ne pleurez pas, Carole.

Elle renifla, se tamponna les yeux avec son mouchoir. Elle obéissait vite, et Wilfrid découvrit que Carole n'avait pas, n'avait sans doute jamais eu de volonté propre. Elle était née pour obéir, et suivre. Il n'aimait pas être suivi et décida, dès qu'il pourrait, de s'en débarrasser. Il réintégrait sa peau d'homme, cette peau qui avait failli exploser.

— Ne vous levez pas, Wilfrid. Ne prenez pas de risques.

— Je vais m'ennuyer, au lit.

— Je m'ennuie debout.

— Alors, jouons aux cartes. Savez-vous jouer ?

— Un peu.

— Vous trouverez un jeu dans le tiroir de cette commode.

Elle était née, non seulement pour suivre et obéir, mais pour soigner, pour être douce. Carole n'était pas de ces poissons d'espèce combattante. Elle avait plutôt l'or et la paix de la tanche. Ils jouèrent et goûtèrent ce calme. On ne peut toujours être au supplice ou égrener le chapelet des mille regrets. Ne restent plus que les accommodements avec le ciel, ou la terre. Hors du suicide, il n'est d'autre solution. Wilfrid avait besoin d'ôter de sa mémoire la journée précédente. Carole, une vie précédente. Tous deux avaient passé la frontière du premier jour. Au troisième, la raison les poussait à s'allonger sur un tapis de cartes. Ainsi dans les geôles les prisonniers communiquent entre eux en frappant sur les tuyauteries. Libres ils s'ignoreront. Ils garderont pourtant, desséchée dans leur portefeuille, l'éternelle fleur d'une camaraderie difficile.

A midi, Carole prépara le déjeuner, qu'ils prirent ensemble dans la chambre.

Wilfrid plaisanta en lui-même cette intimité de boy-scouts. Carole lui retapait ses oreillers et lui versait à boire. Et Wilfrid recommençait intérieurement : « Si Norbert nous voyait... » La situation perdait, vue de Sirius, peu à peu son tragique. Wilfrid s'en amusait. Puis Carole le laissa somnoler.

Elle s'installa en bas dans un fauteuil. L'étage l'attirait, à présent, la chambre de Wilfrid, Wilfrid. Elle avait hâte de rejouer aux cartes. Elle avait autrefois connu quelqu'un qui faisait pousser des lentilles, pour ne plus être seul. Ici, Wilfrid tenait le rôle de ces lentilles. Elle lui était reconnaissante d'avoir été malade et désarmé. Elle l'avait trouvé jusque-là trop « inoxydable ». Ses cris de misère l'avaient rapproché des femmes, qui ne prisent rien tant que la détresse, au secours de quoi elles volent, amoureuses, infirmières, assistantes, bienfaitrices, membres de S.P.A. Mais surtout, avant tout, les lentilles ! Ces graines-là, qui germent en deux jours, satisfont les plus impatients.

Lorsqu'elle entendit Wilfrid remuer dans son lit, Carole monta très vite l'escalier.

— Avez-vous besoin de quelque chose, Wilfrid ?

— Non, merci. Pas de solitude, en tout cas. Asseyez-vous.

Des oiseaux pépiaient très fort dans une gouttière. Wilfrid ramassa les cartes éparses sur le drap, les battit.

— Coupez, Carole.

Elle sourit, esquiva ce regard ironique qui la cherchait, et coupa.

Elle contemplait son jeu, un bout de langue au coin des lèvres.

Les oiseaux se turent.

— A vous, fit Wilfrid.

— Excusez-moi, murmura-t-elle.

Ils jouèrent ainsi jusqu'au dîner, qu'ils prirent ensemble dans la chambre.

TROISIÈME PARTIE

Une partie de plaisir

Il était une heure du matin. Wilfrid ne dormait pas. Pour la troisième fois, les radios n'avaient pas soufflé mot de l'affaire. Les journaux, peut-être, mais comment le savoir ? Ce troisième silence n'avait pas ému Carole. « Elle est gentille, songea-t-il, mais c'est une moule. Un lamellibranche. Un gastéropode. Elle peut demeurer là jusqu'à épuisement total des boîtes de conserve. Et toi ? Que fais-tu d'autre, hormis te réfugier dans la colique néphrétique et le roi de carreau ? Tu penses à Norbert parce que tu n'as plus d'ami. A Sylvia parce que tu n'as pas de femme. Et à toi parce qu'il ne te reste rien d'autre. »

Il acheva sur un mélancolique « pauvre type » où il se plaignait fort de l'existence. Elle est trop longue, l'existence. On peut sans dommage mourir infiniment plus jeune que ne l'admet le commun. A vingt ans, on a déjà tout connu de la terre, les premiers printemps, les premiers copains, les premières amours. A vingt ans, on peut disparaître d'un cœur serein, évitant de la sorte le rabâchage de ces printemps, amours, copains. Au-delà des vingt ans s'ouvre l'ère empestée de la désillusion, de l'argent, de la dégradation physiologique et du renoncement. Wilfrid aurait pu s'arrêter de vivre à cet âge, *comme tout le monde.*

Wilfrid avait appris à lire dans des collections de magazines illustrés. Ces albums volumineux appartenaient à son père et couvraient les années de 1914 à 1918. Il avait gardé de cette guerre un souvenir ébloui, un souvenir d'enfance. Il l'appelait « sa guerre préférée ». L'odeur de ce vieux papier ne l'avait jamais quitté.

Quelques photographies de ces albums s'étaient définitivement décalquées en lui. Elles représentaient des files de jeunes garçons sérieux prêts à bondir hors de la tranchée. Leur saut les jetterait sous le feu de l'ennemi, dans les bras de la mort subite. Des lieutenants consultaient leurs chronomètres et scandaient : 5, 4, 3, 2, 1, comme au départ d'une course. L'heure H sonnée, les lieutenants levaient leur sabre, les jeunes garçons sortaient du trou, mouraient, puis pourrissaient dans un autre trou. Ce n'était pas, ce cycle extrêmement bref et très au point, la question que se posait Wilfrid au vu de ces photographies. Il avait toujours tenté d'imaginer les pensées de ces gosses casqués. La guerre qu'il avait faite, toute de mouvement, n'offrait pas cet aspect fatal et monstrueux, arithmétique : « Vous êtes dans une tranchée. Si vous en sortez, vous êtes mort. Sachant cela, vous sortez. » Wilfrid revoyait les visages sévères des petits condamnés. A quoi pensaient ces gamins si loin des filles et si près de la croix ? *Il n'y avait pas de réponse.*

Wilfrid soupira, les mains derrière la nuque, les yeux ouverts dans cette chambre noire qui ne conduisait certes pas au bain révélateur. A ces poussiéreux anonymes, il avait offert en exclusivité toute sa vraie tendresse. Ils étaient plus présents que des vivants. Ils dataient de ses culottes courtes.

Des bouffées de chaleur entraient par les volets entrouverts. Quelques étoiles se décrochaient du ciel et tombaient dans un autre monde. Ce n'était qu'à la nuit qu'osait se présenter la paix aux hommes de bonne volonté. De jour, cette célèbre paix aurait été écorchée vive.

Il s'assit brusquement sur son lit, tendit l'oreille. Des moteurs de voiture ronronnaient sur la petite route. Des klaxons joyeux s'interpellaient sur un rythme qu'il reconnut aussitôt. Il avait quelquefois participé à ce concert feutré d'avertisseurs. Omer arrivait avec sa troupe.

Wilfrid pâlit. Il était, avec Carole, dans une nasse. Il enfila son pantalon de pyjama.

— Wilfrid ? Vous entendez ? Qu'est-ce que c'est ?

— Entrez.

115

Elle obéit. Il n'eut qu'un bref coup d'œil pour les dentelles de sa chemise de nuit.

— On dirait qu'elles viennent là, ces voitures. Elles sont dans le chemin.

Il fit à voix basse :

— Elles viennent là. Il y en a trois. C'est Omer.

— Il n'est pas en Italie ?

— Il en revient. Ils sont sur la route du retour et ils vont passer la nuit là.

Elle était blanche comme lui.

— Qu'allons-nous faire, Wilfrid ?

— Puisqu'ils étaient en Italie, ils ne savent peut-être rien.

— Mais Wilfrid, en nous voyant là tous les deux, que vont-ils croire ?

— Ce qu'ils voudront. Ce n'est pas important. Quand ils repartiront, nous partirons aussi, dans l'autre sens.

— Et... s'ils savent ?

— S'ils savent, nous essaierons sur eux la vérité. Vous y croyez toujours, n'est-ce pas, aux vertus de la vérité ? Vous verrez comme elle les fera rire. Cela vous convaincra.

Des voix retentissaient. Quelqu'un ouvrait le portail qui grinçait faux. Les phares frappèrent les volets, illuminèrent la chambre.

— Retournez vous coucher. Je vais les recevoir.

Elle avait les yeux brouillés de larmes, pour ne pas changer. Il la prit par le bras. En bas, les portières claquaient, des rires d'hommes et de femmes éclataient. Son bras était chaud.

— Filez, Carole, filez vite.

Il la poussa vers la porte. Déjà Omer criait à tous les échos :

— Mauvaise surprise, messieurs dames, la clé a disparu !

Des exclamations jaillirent du groupe. Wilfrid, d'une main qui frémissait un peu, rabattit avec force les volets de sa chambre et apparut dans l'encadrement de la fenêtre.

Toutes les têtes se tournèrent vers lui, ahuries. Omer tressaillit puis se croisa les bras d'une façon comique qui rassura immédiatement Wilfrid.

— Ça alors ! Un squatter ! Wilfrid ! Qu'est-ce que tu fous là, abominable homme des bars américains ?

Wilfrid retrouva d'instinct la désinvolture qui était, pour ceux-là, sa marque de fabrique :

— Je dors. Et, tel le général qui dort et meurt dans son lit, à cette heure-là, je dors, en général.

Omer était aux anges :

— Et tu dors seul ?

— Oui monsieur.

— Qui est-ce ? fit une brune en manteau d'été blanc.

— C'est Wilfrid ! gloussa un chauve gras et rouge. Ho, Wilfrid !

— Salut, Bruno, apprécia Wilfrid en s'inclinant sur la barre d'appui.

— Ce n'est pas tout ça, reprit Omer, mets un slip et descend nous ouvrir.

— A poils, tonitrua le chauve, à poils !

Wilfrid referma la fenêtre, se passa lentement la main sur le front.

Dans le couloir, Carole l'appela :

— Ils ne savent rien ?

— Ils n'en ont pas l'air.

Ils cognaient tous dans la porte. Wilfrid descendit en soupirant, tourna la clé dans la serrure et sombra aussitôt dans les salutations, les rires, les froufrous, les parfums.

— Voilà donc le beau Wilfrid, déjà vu à l'extérieur, bonimenta Omer. Ça, c'est Luce. Ça, c'est Edwige. La grande, là, c'est Valérie. Celle qui boite, c'est Black Molly, brune comme la nuit et le poisson d'aquarium du même nom. Celle qui louche, c'est Nancy...

Elles protestaient en souriant.

— Tu connais déjà Bruno la brute. Voilà Frank. Et puis Lélio, qui fuit son Italie natale où il est recherché pour meurtre, viol de religieuses, contrebande et autres bagatelles.

Le nommé Lélio pouffait entre les seins de Black Molly, la fille au manteau blanc.

— Où est la cave ? braillait Frank.

— Bruno va vous montrer. Et montez du champagne, une mer de champagne !

Omer tira Wilfrid à l'écart.

— Tu es chez toi. Tu as très bien fait de venir.

— Je te croyais en Italie.

— L'Italie comme le reste ne dure pas toujours. Je suis très très content de te voir. Maintenant, dis-moi avec qui tu es venu.

— Avec personne.

— Impossible.

— Et pourquoi?

— Parce que les filles ont encore leur sac à la
main et que j'en vois un autre qui trône sur la
table. Si je n'étais pas un gentleman, je fouillerais
dedans pour crier sur les toits les nom et prénom
de ta jolie.

Wilfrid se contraignit à sourire :

— Mais tu es un gentleman.

— Exact. Je la connais?

Wilfrid ne répondit pas, en quête d'une issue.

— Je la connais?

— Ecoute, Omer. Ce n'est pas ce que tu crois.

— Quoi, ce n'est pas une femme! Serait-ce, ce
sac à main, le réticule d'un gendarme?

— Omer! Omer! scandaient les autres.

Omer les rabroua d'un geste.

— J'ai deviné, Wilfrid. Oui, oui, deviné. A ton
comportement bizarre. Tu n'as pas mauvais goût.
Comme tu regardes le plancher, je présume qu'il
s'agit de la femme d'un de tes amis. De ton
meilleur, peut-être? Je suis heureux et fier de
compter au nombre de mes hôtes la charmante, la
racée, la plus blonde, la délicieuse Mme Eider.

Carole, si ma mémoire est fidèle, ce que n'est pas Mᵐᵉ Eider.

Wilfrid lui saisit les mains.

— Omer, je t'en supplie !

Omer Mass fut décontenancé par cette gravité.

— Oh pardon, Wilfrid ! Pardon ! Tu es amoureux. Oui, oui, oui, le faciès tragique, la voix altérée, ça ne trompe personne. Pas comme Mᵐᵉ Eider. A tes amours, Wilfrid, et félicitations.

— Je te jure...

— Que tu ne couches pas avec elle ?

Les yeux d'Omer jubilaient derrière les lunettes.

Wilfrid soupira, navré :

— Je ne couche pas avec elle.

— Et que fais-tu, alors, avec cette petite dame ? Tu joues aux cartes ?

— Tu ne crois pas si bien dire.

Omer se crispa :

— Ce n'est pas drôle, Wilfrid. Pas drôle du tout. Raconte ça à qui tu veux, mais pas à moi. Tu repasseras, pour Tristan et Yseult. Il n'y a pas d'épée dans la maison.

Wilfrid le regarda dans les yeux.

— Oh, et puis hein, pense ce que tu veux ! Seulement...

— Seulement quoi ?

— Gentleman ?

— Gentleman ! Of course !

Il fit mine de cracher, et haussa les épaules, amusé :

— Sacré Wilfrid ! Moi aussi, j'ai connu l'amour une fois. J'avais quatorze ans. Il n'est jamais revenu. Je lui avais fait peur.

Il se baissa pour éviter le bouchon de champagne que l'artilleur Bruno tirait dans leur direction.

— Des verres ! Des verres !

— Dans le buffet.

— Musique !

— Dites-moi, monsieur Wilfrid ?

— Mademoiselle ?

— Nancy. Je ne danse pas avec les hommes simplement vêtus d'un pantalon de pyjama. Je les préfère nus ou en smoking.

— Tu n'as pas de twist, Omer ?

— Excuse-moi, mais à ma dernière visite à cette chère vieille petite maison, le twist n'était pas né.

— Et puis, ce n'est pas de votre âge. Vous ne devez danser que le tango.

— Gracieuse Valérie ! Gracieuse ! Savez-vous qu'une dame est dans la maison ?

— Une dame ?

— Oui, Valérie. Wilfrid a horreur de dormir seul. Il a peur, la nuit.

— On peut la voir ?

— Elle est couchée.

— De quoi parlez-vous ?

— Gentil Frank, une dame est en haut, cou-

chée, nue, et qui vous attend, qui vous espère.
N'est-ce pas, Omer ?

— Ce n'est pas tout à fait vrai.

— Une femme ?

— Vous n'en avez jamais vu, Frank ?

— Omer, dites-lui de descendre. Il doit s'ennuyer à périr, ce doux sandwich, entre ses deux draps.

— Demandez à Wilfrid. Le sandwich lui appartient.

— Tout de suite. Wilfrid ?

— Oui ?

— Je suis Frank.

— Re-bonjour, Frank.

— J'apprends que nous avons sous les combles une belle au bois dormant ? Si vous en êtes, comme tout l'indique, le prince charmant, courez vite nous la chercher.

— Ce n'est pas utile.

— Pourquoi ? Vous n'osez pas nous la montrer ?

— Nancy ! fit Omer. Ne manquez pas de respect à Carole. Elle pourrait être au moins votre grande sœur.

— Vraiment ? Elle n'a pas cinquante ans, quand même !

— Quarante à peine, dit Omer.

Nancy eut un sourire. Wilfrid la dévisagea. Il lui faudrait défendre sa camarade Carole contre ces poupées dangereuses.

— Elle ne descendra pas, murmura-t-il, elle est très fatiguée.

— Vraiment? répéta Nancy goguenarde. Omer essuya ses lunettes pour ne plus voir Wilfrid.

Lélio dansait avec Black Molly, Edwige avec Bruno. Omer remit ses lunettes, prit Wilfrid par le bras :

— Je te demande humblement pardon, Wilfrid, mais j'ai une réputation de salaud à maintenir, tu le sais bien. Sois amoureux, va. C'est plus rare que de gagner à la roulette. Ce ne sont pas les cocus qui ont de la chance, mais les amants. Je t'envie.

— Je ne suis pas amoureux, Omer.

— Tant pis pour toi. Je te signale qu'à présent tu es ridicule, en pantalon de pyjama.

— Je monte.

Il gratta à la porte de Carole.

— C'est moi, Wilfrid.

La porte s'entrebâilla.

— Eh bien?

— Je ne sais comment vous le dire mais... mais les apparences sont contre nous, comme d'habitude.

— Je m'en doutais. Mettez-vous à leur place.

— Je ne vous le fais pas dire. C'est bien pourquoi nous sommes ici. Ils aimeraient vous voir.

— Me voir?

— Oui. Surtout les… les…

— … Femmes ?

— C'est ça.

— Que faut-il que je fasse ?

— Il se peut qu'ils viennent vous chercher, sur le coup de la sixième bouteille de champagne.

— Et vous ?

— Moi ? Il faut pour eux que je m'amuse comme un fou. Il le faut, vous comprenez.

— C'est terrible.

— Oui…

Il grimaça. Il ne pouvait leur annoncer qu'elle venait de perdre son mari. Il haussa les épaules. La porte se referma doucement.

Lorsqu'il fut habillé, il se rasa.

Omer tapa sur la table :

— Rigolons, s'il vous plaît ! Rigolons ! J'ai horreur du sinistre. D'ailleurs, je suis assuré contre tous les sinistres !

— Mais on rigole ! gloussa Lélio.

— Alors, c'est parfait.

Omer se tourna vers l'escalier, s'inclina cérémonieusement. Carole descendait, pâle dans sa robe noire. Bruno émit un sifflement admiratif. Omer éleva un sourcil :

— Bruno, mon vieux ! Seriez-vous déjà ivre ? Mme Eider mérite certes, pour sa beauté, bien des compliments, mais pas de cette sorte. Mme Carole Eider, je suis votre serviteur.

Il marcha sur Carole et lui baisa la main. Elle frissonna et murmura :

— Merci, monsieur Mass.

— Approchez, vous autres, qu'on vous présente pendant que vous êtes à peu près présentables.

Elle subit sans faiblesse ces congratulations, puis sourit à Omer.

Il lui tendit une coupe.

— Soyez gaie, madame Eider, buvez, riez, chantez ! Monsieur Eider va bien ?

Elle ferma les yeux et se mit à trembler. Sa coupe se vida sur le sol. Omer simula la plus parfaite confusion :

— Oh, madame, qu'avez-vous ? Remettez-vous, je vous en prie. Pardonnez-moi une question qui n'était pas, j'en conviens, du meilleur goût. Regardez-moi. Je vous assure de ma plus entière discrétion. M. Eider ne saura jamais...

— Taisez-vous ! Taisez-vous !

Elle se laissa aller dans un fauteuil où Omer la força à boire une autre coupe.

— Allons, allons, Carole, ne nous évanouissons pas pour si peu de chose. Nous sommes entre gens de bonne compagnie. Tout cela reste entre nous. C'est même notre profession de foi. Par exemple, n'allez pas dire à Mme Mass que nous nous sommes rencontrés ici. Là, vous n'avez plus peur. Soyez gaie. Riez. Riez, Carole. Vous permettez que je vous appelle Carole ? Car nous n'aimons guère, non plus, les noms de famille.

Omer était ravi. Carole parvint à sourire.

— Excusez-moi, monsieur Mass.

— Omer, je viens de vous le dire.

— J'étais idiote. Mais je vous en conjure, ne parlons plus de cela.

— Mais nous n'en parlons plus, Carole ! C'est promis.

Il l'épiait, enchanté. C'était une excellente soirée.

— Vous n'avez pas changé, Carole. Ou plutôt si. De plus en plus capiteuse et volatile. Il y a dans vos yeux noirs comme une lumière noire, une sorte de gravité, une façon de délicieuse angoisse.

Elle le fixa durement. Il s'en émut, plaisant :

— Oh oh la méchante ! Voulez-vous bien rire, rire et danser ! De grâce, accordez-moi cette danse... Carole ?

Elle se leva, mécanique. Les chandeliers seuls éclairaient la salle. Dans le dos de Carole, la main d'Omer était glacée.

— Ne vous raidissez pas, Carole. C'est un slow, ce n'est pas l'hymne national.

Il dansait bien. Carole aimait la danse. Une griserie s'insinuait peu à peu en elle, à son corps défendant. Il lui semblait subir l'effet d'une piqûre de novocaïne.

— C'est mieux, Carole. Le souci s'efface de vous. C'est l'heure exquise. La musique est une éponge sur nos tableaux noirs. Riez. Oubliez. Il faut tout oublier. Tout. Quand j'étais petit, dans la cave de mes parents, pour m'amuser, j'ai pendu un chat. Croyez-moi, je l'ai totalement oublié, ce chat.

— Vous trouvez ?

— Oui. Sinon, je n'en parlerais pas.

Wilfrid était redescendu. On avait ouvert portes et fenêtres car Bruno, malgré les protestations, avait tenu à allumer un feu de bois dans la cheminée. D'immenses ombres s'enlaçaient aux murs et au plafond. Nancy dansa avec Bruno. Wilfrid but du champagne en regardant tourner Carole. « Elle danse. La vie reprend. La mort des autres, plaisir d'amour et les coliques néphrétiques ne durent qu'un moment. »

— Oh, Frank, passez-moi la bouteille !

Frank s'assit sur l'autre bras du fauteuil.

Black Molly vint se coucher à leurs pieds.

— Bonjour, levrette, fit Wilfrid.

— Mon tort, rêva Frank, est de voir trop loin. Je suis un écran de radioscopie. Quand je regarde cette levrette, comme vous dites, je ne vois d'elle que son squelette.

Black Molly soupira sans bouger :

— C'est fou ce qu'on s'amuse, avec vous.

Carole s'approcha de leur groupe. Wilfrid lui offrit une coupe qu'elle but d'un trait.

— Une autre ?

— S'il vous plaît.

— Une danse ?

— Si vous y tenez.

— J'y tiens.

Ils avaient dansé ensemble, autrefois, sous l'œil
ennuyé de Norbert qui, de la danse, n'aimait que
la musique. Il n'y avait alors ni ombres, ni feu de
bois, ni chandeliers.

— J'ai faim ! criait Luce.

— *Me too !* criait Bruno.

— Foie gras ! commanda Omer. Dans le dos de
Carole, la main de Wilfrid était brûlante.

— Vous n'avez pas trop honte, Wilfrid, de
danser avec moi ? Toutes les filles ont vingt-cinq
ans.

— Ça leur passera.

— Elles m'agacent. Elles sont un peu trop bien
choisies. J'en voudrais une laide.

— Omer est contre.

— Qui est Omer ?

— Qui est Carole ?

Elle eut un sourire triste.

— Je danse. Je bois. Je souris. Que devez-vous
penser de moi ?

— Que vous agissez ainsi contrainte et forcée.

— Oui mais... Mais comment vous expliquer ?
J'aime danser, boire, et sourire. C'est affreux.

— Non, Carole. Vous n'êtes pas morte, vous.

— Ne dites pas ce mot.

Elle frémit sous la paume qui la tenait.

— J'ai besoin de bruit, reprit Carole. Comme eux. D'énormément de bruit.

— Plus fort, le pick-up! cria Wilfrid.

— J'ai peut-être trop bu?

— Ne croyez pas cela. On ne boit jamais trop. C'est même notre seule supériorité sur les bêtes. Omer est très intéressé par vous.

— Je me demande pourquoi. Il a cinq filles sous la main.

— Vous êtes la sixième, et vous n'êtes pas sous sa main.

— J'ai quarante ans, Wilfrid. Il me semble que si j'étais homme...

Il rit.

— Ne le soyez jamais. C'est trop triste.

Il revint à Omer.

— Wilfrid, je m'ennuie.

— Tu as raison. C'est une situation d'avenir.

— Je peux danser avec Carole?

— Toute la vie.

Omer invita Carole.

Nancy avait été chercher un poste à transistors dans une voiture et l'écoutait, assise sur la plus haute marche de l'escalier.

Wilfrid alla s'asseoir près d'elle.

— Vous permettez?

— J'écoute les informations.

— Pourquoi?

— Je veux savoir ce qui se passe en Bourse.

On allait peut-être, cette fois, parler de Norbert.

Wilfrid posa un doigt sur la cuisse de Nancy :

— Je peux ?

— Si tu veux.

Maladroit, il fit tomber le poste qui roula, degré par degré, jusqu'au carrelage, et se tut.

— Je suis navré.

— Ce n'est pas grave. Il est à Bruno. C'est bête pour la Bourse, seulement.

Il l'embrassa.

— Je vous plains, Omer, fit Carole.

— Pourquoi, madame Eider ?

— Appelez-moi Carole.

— Pourquoi, tendre Carole ?

— Parce qu'un jour vous vous suiciderez.

— Je le voudrais bien, mais c'est impossible.

— Pourquoi ?

— Parce que c'est déjà fait.

— Vous êtes prisonnier de vos formules. Vos formules vous perdront. Que faites-vous, dans la vie ?

— Je me tue. Je me tue à vous répéter que je suis un très grand chirurgien-dentiste. Arracheur de dents, oui. J'exècre les dents. Je voudrais vivre dans un monde d'oiseaux. Vous êtes belle, Carole, malgré vos dents. Très belle.

— Parce que je suis la sixième.

— La sixième ?

— Il y a cinq filles très jeunes et très jolies, ici. Plus une femme qui n'était pas prévue au programme. Voilà pourquoi je suis peut-être belle, ce soir.

Elle sentit sur son dos les ongles d'Omer.

— Vous couchez avec Wilfrid, madame Eider ?

— Non.

— Non ?

— C'est ainsi.

— Si cela était, je serais le premier à goûter tout le sel d'une situation aussi extraordinaire. Mais vous vous moquez de moi, tous les deux, car lui aussi se paie ma tête.

— Vos ongles, Omer.

— Je voudrais pouvoir vous tuer. Mais hélas, au bout de ce plaisir enfantin, se dressent les murs d'une prison.

— Qu'est-ce que la prison, pour vous ?

— Mon amour, c'est la perte de mon corps, et je tiens, mon amour, à me promener avec lui. Pas vous ?

— Ne me serrez pas si fort. Si vous voulez sentir une autre vie contre la vôtre, appelez Nancy ou Luce.

— Madame Eider, j'enverrais volontiers une lettre anonyme à M. Eider.

Elle se détacha de lui, eut un pauvre sourire :

— Oui, vous le pouvez.

— Je suis un être dangereux, Carole. Je suis le mancenillier, l'amanite tue-mouches.

— Vous vous vantez, Omer. Vous n'êtes qu'un homme un tout petit peu malheureux.

Il la reprit avec calme contre lui, lui mordit les cheveux et la nuque.

— Il fait très chaud, dit quelqu'un.

— Ce feu est insupportable, en effet.

Wilfrid et Frank parlaient autour d'une bouteille. Lélio chantait la messe des morts, allongé tout raide sur la table entre deux chandeliers. Des filles dansaient entre elles, pieds nus. Bruno mangeait des olives, en crachait les noyaux le plus loin possible.

Ils sortirent tous. La nuit était très douce, et claire. La lune teintait de bleu le jardin silencieux. De ses prunelles vides, la statue 1900 les regardait venir à elle. Un jet d'eau glougloutait, planté comme une fleur au milieu d'un bassin dérisoire. Cette paix leur en imposa et ils s'allongèrent avec reconnaissance sur le gazon frais. Frank y enfouit son visage. Deux heures tintèrent, sourdes, au clocher.

— Je me demande, s'interrogea Nancy étendue sur le dos, les yeux dans les étoiles, je me demande si Dieu existe.

Frank leva la tête :

— Voilà les conversations de femmes saoules qui commencent.

— S'il n'existait pas, fit Edwige, tu ne serais pas là.

— Moi, j'y serais quand même ! lança Valérie.

— Qu'en pensez-vous, Wilfrid ? questionna Nancy sans bouger.

Wilfrid, assis à quelques pas de Carole, lorgna à son tour vers les étoiles :

— Il n'existe pas.

— Vous en êtes sûr ?

— Non.

— Alors ?

— Attendez ! Il existe. Mais cela revient au même.

— On ne peut pas parler sérieusement. Quelqu'un a des cigarettes ?

— Tiens.

— Je voudrais bien qu'il existe, reprit Nancy. Quand il me verra, il me voudra pour femme. Je serai sa femme. Sa petite femme. Rien qu'à lui.

Frank ricana :

— Rien qu'à lui !

— Parfaitement. Je ne ferai jamais cocu Dieu.

— Ecoutez-la, non mais, écoutez-la ! En voilà une qui veut s'envoyer Dieu !

— Pourquoi pas ? Si c'est un homme ?

— Mais ce n'est pas un homme, triple gourde, c'est un dieu.

— Enfin quoi, je ne suis pas folle. Jésus, c'était Dieu, mais c'était un homme. Il avait un caleçon.

Ils se mirent à rire. Omer se souleva sur un coude :

— On rit ? Merveille ! On rit de qui ou de quoi ?

— De Dieu. Nancy veut coucher avec.

— Et il ne veut pas ? Il est bien fier, ce monsieur.

Lélio s'était enveloppé dans un rideau, comme un empereur. Ils burent. Champagne. Whisky. Sans y croire. Omer s'était rapproché de Carole et lui baisait la main. Trois heures sonnèrent... « J'irais bien à la messe, soupira Valérie »... puis quatre heures. La nuit se fit moins nuit. Edwige dormait aux pieds de la statue.

— Lequel de nous tous mourra le premier ? interrogea Omer.

Il mit ses doigts devant ses yeux :

— Je choisis un nom au hasard...

Il pointa son index vers Edwige endormie :

— Toi !

— Pourquoi elle ? fit Carole en s'éloignant un peu de lui.

— Parce qu'elle dort, mon ange, parce qu'elle dort et que *to die to sleep to sleep to die,* etc.

— Vous n'êtes pas amusants, protesta Luce. On ne s'amuse pas. Vous nous cassez les pieds avec Dieu et la mort. J'ai connu des garçons qui riaient tout le temps.

— Va voir s'ils rient encore, ça m'étonnerait, murmura Frank.

Frank releva la tête.

Dans une lointaine cour de ferme toussotait un tracteur.

Frank s'étira, fit quelques pas.

— Wilfrid, voulez-vous marcher un peu avec moi ?

Wilfrid consulta Carole du regard. Pouvait-il la laisser auprès d'Omer ? Elle chuchota :

— Allez, Wilfrid.

Il rejoignit Frank. Ils marchèrent sans un mot jusqu'au portail entrouvert. Frank sortit. Wilfrid marqua un arrêt.

— Venez sur le chemin, Wilfrid. Nous ne verrons personne. C'est à peine la pointe de l'aube et je m'y connais, en aubes.

Wilfrid le suivit. Le gravier du chemin lui fut agréable.

— Savez-vous où va ce chemin, Wilfrid ?

— Non.

— Moi non plus. Vous me plaisez, Wilfrid. C'est à vous que je voulais dire que je m'en vais. Oui, je m'en vais, comme ça, à pied. Cela m'arrive. Un instant vient où ils me font horreur. Ce sont des enfants.

— Nous sommes tous des enfants. Tous élémentaires et tous périssables.

— Je sais. Oh, après je les rejoins. Il me les faut pour vivre, tout comme ils ont besoin de moi. Tous les pantins sont solidaires de leurs ficelles.

135

— Frank, un écrivain a dit que dans chaque homme il y avait un Mozart assassiné.

— Il a dit cela pour les consoler. Il n'y a jamais eu de Mozart assassiné. *Cela se saurait.* Ne croyez pas ces gens, Wilfrid. Ils vous décrivent un être en commençant par la teinte de ses cheveux et en le terminant par les lacets de ses chaussures. Un être, ce n'est surtout pas une barbe ou des yeux bleus. C'est une réaction chimique, en somme, à un contact, à un parfum, à un regard, à un certain moment de l'air...

Ils allumèrent une cigarette. Frank ferma les yeux, ébloui.

— J'ai été élevé dans un hameau, Wilfrid. C'est, l'odeur des champs et de l'étable, la seule chose qui me rassure. Je sais que c'est absurde, mais l'aboi des chiens attachés à leur niche dissipe mon angoisse. Elle fond comme le sucre dans le café, le café de ces grosses cafetières à fleurs sur le coin du fourneau. L'odeur de ce café longe les haies. J'entre dans une ferme. J'ai l'impression d'*entrer.* Ailleurs, j'ai celle de sortir, toujours. Je leur dis : « Donnez-moi, vendez-moi du lait, des œufs, du jambon, de la soupe. » Un petit garçon morveux et sale me regarde sous le nez. C'est moi. J'étais lui. Il y a une horloge. Un vieux qui rit dans ses moustaches jaunies par le tabac. Je suis l'étranger, mais ils parlent ma langue. A présent, Wilfrid, dites-moi si je suis fou.

— Je vous suis jusqu'à cette ferme. Où est-elle ?

— Partout.

— Où irez-vous après ?

— J'errerai toute la journée. Je m'arrêterai devant un puits, devant une vache. Devant tout ce qui est hors du coup. Et ce soir je prendrai le train. Ma femme et mes enfants m'attendent.

Omer saisit le bras de Carole :

— Rentrons, voulez-vous ? C'est bel et bien le jour, bel et bien l'alouette. Venez, vous autres. Voilez les glaces. Nous sommes si laids, le soleil va nous friper.

Ils regagnèrent la maison, en désordre, telle une patrouille de vaincus. Dans son rideau, Lélio prit une attitude de tribun pour proférer :

— *Dulcia linquimus arva !*

— Qu'est-ce qu'il raconte, encore ? fit Edwige.

Photographie d'Edwige. Un mètre soixante-huit sans talons. Deux yeux. Deux seins. Elle mourra la première, oui. Ce Verseau prendra un avion noir. Elle a le grain de sa beauté sur l'épaule gauche, et des dents magnifiques. Son sourire la perpétuera en un esprit. Lequel ?

Lélio la souleva et la mordit au cou :

— J'ai dit : « Nous abandonnons nos chères campagnes. »

— Compagnes ?

— Campagnes !

Bruno dit à Omer :

— Frank est parti.

— Il est ridicule avec ses départs, celui-là. Il faudrait qu'il coure beaucoup plus vite, pour se lâcher.

— Wilfrid est avec lui.

— Wilfrid reviendra. Il sait que rien ne se perd, lui.

Ils refermèrent les volets et les fenêtres, tirèrent tous les rideaux. Ils burent encore en silence. Puis Carole monta dans sa chambre. Elle allait donner un tour de clé à sa porte quand celle-ci s'ouvrit avec lenteur.

— Sortez, Omer.

— Non, madame Eider. Je viens chercher les restes. Vous êtes sur terre pour tromper, vous le prouvez surabondamment. Trompez aussi Wilfrid. Trompez, mon ange. Trompez, mon amour. Vous êtes dans le vrai, c'est encore la trahison qui a le meilleur goût, d'entre tous les péchés.

Il souriait en avançant sur elle. Carole crispa les mâchoires.

— Voyons, Carole. Soyez sage. Vous regretteriez plus tard d'avoir repoussé ce que nous appellerons mes hommages. Ils iront se raréfiant, les hommages de cette sorte.

— Salaud, fit Carole.

— Mais non, ma douceur. Pas même. Pensez-vous garder Wilfrid longtemps ? Vous ne pouvez plus rien garder. Plus rien n'est à vous. Attrapez tout au vol, n'importe qui, n'importe quoi.

Demain, la cellulite, demain, les cheveux blancs, la mort après-demain.

Elle tenta de le gifler. Il lui happa la main, écrasa ses lèvres sur les siennes. Elle se débattait. Il lui pinça si fort le bras qu'elle cria de douleur.

— Omer.

Bruno se tenait sur le pas de la porte, subitement réservé.

— Lâche-la, Omer.

— Toi, mêle-toi...

— Ça me regarde. Si tu ne la lâches pas, je te casse la gueule.

— Tu es fou, non ?

— Sors d'ici.

Omer renonça.

— Tu me le paieras, Bruno.

— Mais non, mais non. Tu n'encaisses plus l'alcool, Omer, et voilà tout. Bonsoir, madame. Ou bonjour.

Elle les entendit s'éloigner dans le couloir et ferma sa porte avec soin. Elle put enfin pleurer debout, immobile, face à l'armoire à glace.

Omer rageur entraîna Edwige et Black Molly dans sa chambre. Lélio ramassa Luce ivre morte et l'emporta dans la sienne.

— On boit le dernier ? proposa Bruno à Nancy et Valérie. Ils attendirent ainsi le retour de Wilfrid. Les joues roses de Bruno pendaient.

— On dirait, tes joues, des oreilles de cocker, pouffa Valérie.

— Merde.

Il était triste. Il redoutait plus que tout au monde ces fins de fête, ces extinctions des feux.

Wilfrid sursauta en voyant ce trio muet et vague au-dessus des verres.

— Où sont les autres ?

— Au lit.

— Carole ?

— Au lit, grogna Bruno. Seule.

— Et vous ?

— On est là. On boit modérément. Mais je monte. Tu viens, Nancy ?

Wilfrid eut un regard machinal pour Valérie. Elle lui sourit en baissant les paupières.

Plus tard, il se détacha de ce corps. Valérie fixait le plafond, les mains derrière la tête.

Frank se hâtait sous le soleil.

Ce fut Carole qui l'éveilla. Wilfrid étendit le bras. Valérie n'était plus là.

— Elle vient de sortir, fit Carole. Je guettais ce moment pour vous parler.

Il bâilla.

— Me parler ?

— Oui. Ils vont partir, je crois, tout à l'heure. Il nous faudra partir aussi.

— Certes. Je vous l'ai déjà dit. Dès qu'ils sauront, il s'en trouvera forcément un ou une pour bavarder.

— Un surtout. Omer.

— Pourquoi lui ?

— Parce que.

Il comprit et réfléchit.

— Si c'est cela, vous avez raison. Il en est capable.

— Capable ? C'est un monstre !

— C'est un type très gentil. Très timide. C'est pour lutter contre cette timidité qu'il est devenu ce qu'il est.

— Bruno aussi joue.

— Bruno, c'est encore autre chose.

— Ce sont des malades.

— Même pas. Ils voudraient bien.

— Omer nous dénoncera.

— C'est plus que probable. Par fidélité à son personnage. Et peut-être un peu par rancœur personnelle, en ce qui vous concerne. La moindre opposition le bouleverse.

— Vous me donnez tort ?

— Vous faites ce qu'il vous plaît, Carole.

— Vous ne m'en voudriez pas, si quatre jours après la mort de Norbert...

— Je ne juge pas les autres, je vous le rappelle. Jamais. Je n'appartiens pas à une société.

141

Accablée, elle se rongeait un ongle.

— Vos ongles, Carole !

— Oh, merci.

Elle s'attarda sur cet autre malheur avant de murmurer :

— Il nous faudra prendre le train, Wilfrid. La voiture doit être signalée partout, à présent.

Il méditait. Elle n'osa pas le troubler.

— Ils dorment tous ? demanda-t-il enfin.

— Je ne les entends pas.

— Bon. Je n'aime pas le train. Sortez que je puisse m'habiller.

— Où irons-nous, Wilfrid ?

— Au bord de la mer. J'ai mon idée là-dessus. Une idée toute neuve, et que j'aurais dû avoir avant. Sortez, Carole, je suis pressé. Je ne veux pas qu'ils se réveillent.

Seul, il s'habilla. Il entendit, dans le couloir, les bruits d'eau de la salle de bains. Il s'approcha.

— Qui est là ?

— C'est moi, Valérie. Viens dans la baignoire avec moi. J'ai quelque chose à te montrer.

— Je l'ai déjà vu.

— Méchant !

— Une minute, je reviens.

Omer était de mauvaise humeur, Bruno sombre, et Lélio se plaignait d'être sujet à la migraine.

— On attend qui ? explosa Omer.

— Luce. Elle a la tête sous le robinet.

— Edwige, va me la chercher. Et au trot. Je travaille demain, moi. Une molaire de diamantaire m'attend. Moins pourrie que lui, mais c'est tangent.

Valérie soufflait à Wilfrid :

— Tu n'es pas venu, dans la baignoire.

— J'ai oublié.

— Tu n'es pas gentil.

Elle crut bon de bouder, puis y renonça devant l'indifférence totale de Wilfrid. Omer s'adressa à lui :

— Vous restez là, vous deux ?

— Deux ou trois jours encore, si tu le permets.

— Je n'ai rien à refuser à un si joli couple d'amoureux. Tenez, je vous bénis, je vous souhaite tous les bonheurs.

— Merci, Omer, fit Carole d'une voix sereine.

— Allez, la troupe ! Il est déjà cinq heures !

Ils gagnèrent le perron. Luce apparut, blême, soutenue par Edwige.

— Elle est souffrante, Omer.

— Eh bien chère petite madame Eider, au revoir. Mes amitiés à votre mari. Salut, Wilfrid.

Ils échangèrent tous force poignées de main. Le premier, Lélio monta dans sa Lancia. Nancy était sa passagère. Valérie sauta dans la Triumph de Bruno pendant qu'Edwige poussait Luce à l'arrière de la Skoda d'Omer.

143

Omer ouvrit sa portière. Wilfrid s'était approché en curieux.

— Heureusement que Frank est parti à pied, dis donc. Cinq là-dedans, ça ne devait pas être le rêve, sur cinq cents kilomètres.

— Dieu a fait les filles compressibles.

Lélio, impatient, donna deux coups d'avertisseur. A sa vive surprise, aucun son ne retentit. Il recommença. Rien. Il baissa sa vitre et cria :

— Le klaxon, il ne marche plus !

— C'est dur pour un Italien. Mais ce n'est pas indispensable. Dégarre-toi, que je sorte.

Déjà la Triumph manœuvrait. Omer grimpa dans sa voiture. Lélio tira sur son démarreur. Le moteur garda le silence. Lélio, de plus en plus hors de lui, tira et retira ce démarreur, en pure perte.

— Alors, glapit Omer. C'est ça, les voitures italiennes ?

— Alors, alors, alors rien !

— Tu as mis le contact, au moins ?

Lélio, furibond, haussa les épaules :

— Merci !

— Ne te fatigue pas, intervint Wilfrid. Tu n'as plus de batterie.

La Triumph s'était arrêtée. Lélio descendit, ahuri.

— Ce n'est pas possible. Elle a chargé tout le temps, pour venir.

— Je ne sais pas, moi. Soulève le capot.

Lélio obéit. Les deux autres voitures se vidè-rent de leurs occupants ennuyés. Ils se groupèrent tous autour du moteur, les mains sur les genoux, béants d'ignorance.

— Ça n'est pas rigolo, fit Lélio. S'il faut recharger la batterie, j'en ai pour la nuit. Je ne pourrais partir que demain.

— Montez avec nous, proposa Edwige.

Omer s'insurgea :

— Tu nous vois à six dans cette voiture ?

Le nez sur la batterie, Lélio gémissait :

— Je n'y connais rien, rien. Je ne suis pas mécano.

— Une batterie à plat, c'est une batterie à plat, fit Wilfrid. Tu serais mécano que tu n'y pourrais quand même rien.

Ils abandonnèrent avec ensemble leur inutile contemplation. Omer se mordit les lèvres, puis s'adressa à Carole et Wilfrid :

— Il y a bien une solution. Puisque vous restez encore quelques jours, prêtez-lui la 300 SL. Vous faites dépanner la Lancia, vous remontez avec et là vous récupérez la Mercedes.

Il eut un sourire suave.

— Qu'en pensez-vous, chère Carole ? Le sort de Lélio est entre vos blanches mains. Il conduit comme un Dieu, encore que la Bible se taise sur ce sujet. Il n'abîmera pas votre petite auto.

Elle regarda Wilfrid, qui acquiesça des pau-pières.

— Si vous y tenez...

— Ah merci, madame ! cria Lélio qui, plus théâtral que jamais, s'agenouilla pour lui baiser le bout des doigts. Il n'était plus qu'à la satisfaction de conduire une 300. Il la sortit du garage.

— Vous me trouverez chez Smorn, vous savez, près de la basilique.

— Je connais, dit Wilfrid. Ils échangèrent les papiers des deux véhicules.

— En route, ordonna Omer.

Il prit place sur son siège, inclina la tête :

— Au plaisir de vous revoir, Carole. *Tout* le plaisir sera pour moi.

Les moteurs ronflèrent l'un après l'autre et Carole et Wilfrid virent une à une les voitures disparaître au bout de l'allée. Wilfrid murmura, moqueur :

— Si la police recherche la 300 SL, en voici une qui correspond tout à fait, avec un couple à bord et des protestations suspectes à n'en plus finir. Cela peut nous faire gagner le temps dont nous avons besoin.

Le capot de la Lancia était toujours levé. Wilfrid se pencha et resserra la cosse de la batterie.

— La panne est réparée, Carole. J'avais simplement dévissé cette petite chose.

Il rabattit le capot et grommela, dos tourné à Carole :

— Je vous laisserai à la première gare. Il faut nous séparer, à présent.

Elle pâlit.

— Nous séparer?

— Oui, Carole. C'est plus prudent.

— Je ne veux pas.

— Soyez raisonnable. Ils courent après un couple. Si nous nous séparons, il n'y a plus de couple. Quand ils auront relâché Lélio et Nancy, le danger nous reviendra comme une balle.

Elle était pitoyable.

— Je ne veux pas, répéta-t-elle.

— Mais pourquoi?

— Je ne veux pas être seule, geignit-elle. Seule, je ne peux plus lutter. J'aime autant aller au premier commissariat que je verrai.

Il insista :

— Mais je ne vous laisse pas tomber, Carole. Je vais vous donner un rendez-vous sur le bord de mer. Il m'est revenu que des marins font par là-bas la contrebande des cigarettes. Je leur fais cadeau de la voiture, qu'ils embarquent. En échange ils nous embarquent aussi pour Tanger.

— Non, Wilfrid. Je veux partir avec vous. Si vous me quittez je n'ai plus de courage, j'abandonne.

Il se contracta.

— Vous parlez comme une petite fille, Carole. C'est ridicule.

— Parce que j'en ai passé l'âge, n'est-ce pas ?
Je le sais, que je suis vieille.

Elle se mit à pleurer, lamentable, attendrissante. Ces larmes eurent le don d'exaspérer Wilfrid.

— Vous n'êtes qu'une imbécile, Carole, et vous compromettez tout par votre imbécillité. Je ne serai pas la victime de vos caprices. Pour la dernière fois, acceptez-vous ce que je vous propose ?

— Non !

— Parfait. Je pars sans vous. Soyez assez aimable pour n'aller que demain à un poste de police.

Il s'installa au volant de la Lancia. Il attendit que cessât le tremblement de ses mains, puis mit le contact.

— Montez, Carole. Vous ne pouvez pas vous rendre à la gare à pied.

Elle ne répondit pas. Assise sur une marche, elle sanglotait, sans même se dissimuler le visage.

— Comme vous voudrez !

Les pneus firent voler le gravier.

Elle était seule. Un grand silence planait sur elle à la façon d'un jean-le-blanc, oiseau de proie immobile au faîte du ciel. Le soleil brûlait la nuque blonde. Carole fixait une fourmi qui se faisait une montagne de cette femme.

— J'en avais assez. Jetez-moi en prison, mais laissez-moi enterrer mon mari. Oui, je suis seule. Vous ne pouvez savoir combien c'est effrayant. Je l'aurais suivi jusqu'au bout de la terre, pour ne pas être seule.

Elle ne versait plus de larmes. Sa peau, son cœur étaient plus secs que le ciment du perron. Une pomme tomba d'un arbre, et ce bruit soudain arracha un cri à Carole.

Elle entendit le moteur, très loin, puis tout près. La Lancia surgit dans l'allée, vint freiner à ses pieds. Wilfrid dévisagea Carole.

— Prenez votre sac. Je vous emmène sur la côte.

— Mais pourquoi, Wilfrid ?

— Taisez-vous, et venez.

Il se pencha, lui ouvrit la portière.

— Carole ?

— Oui ?

— Fermez la porte à clé, mettez la clé sous le pot de céramique bleue. Tout doit rester en ordre.

Alors il constata qu'elle portait une charmante robe feuille morte.

QUATRIÈME PARTIE

Une partie du monde

Ils ne parlaient pas. Wilfrid fumait. Parfois Carole, une carte routière sur les genoux, lui indiquait d'un mot les voies secondaires qu'il avait décidé d'emprunter.

Un soir à la Monet tombait sans hâte, brassant pêle-mêle des couleurs en demi-teintes. C'était la mauvaise heure des hommes, cet instant où, entre chien et loup, vagabondent dans l'air des angoisses informulées, des paniques contenues. Elle était, cette heure, comme chargée d'expressions d'au-delà. Carole murmura enfin, pour briser ce charme :

— Je n'aime pas cette heure. Elle m'oppresse.

Wilfrid ne répondit pas. Elle poursuivit, pour elle-même :

— A cette heure-là, on jurerait que les âmes se promènent.

Il eut un rire bref :

— Depuis le temps qu'on ratiocine sur les âmes, on peut se demander de quelles âmes il s'agit. Un biologiste a dit : « Si nous avons une âme immortelle, il faut qu'il y en ait une aussi dans les infusoires qui habitent le rectum des grenouilles. » Pour moi, ce soir, ce sont les âmes de ces infusoires qui se baladent.

Elle n'écoutait pas. Il lui suffisait que leurs voix aient rompu le silence. Comme déjà Wilfrid se refermait, elle parla encore :

— Tanger. Wilfrid, pourquoi Tanger ?

— Parce que. Trouvez donc autre chose.

— C'est une aventure...

Elle pensait « idiote » sans avoir le front de le dire. La moule est trop aise déjà d'être collée à un rocher. Il la devinait. « Une aventure, oui. Du cinéma. » Il répéta, hargneux :

— Oui. Trouvez autre chose.

Il ajouta méchamment :

— Vous êtes libre. Vous pouvez toujours renoncer à cette folie. Votre présence ne me facilitera rien, bien au contraire.

— Vous me détestez tant, Wilfrid ?

— Il n'est pas question de cela. Ce n'est pas un voyage sentimental, ma petite. C'est une fuite.

Il « cisailla » nerveusement un virage puis alluma une autre cigarette en grommelant :

— Je m'interroge sur les mouches. Existe-t-il des mouches qui meurent de vieillesse ? Comment font-elles, celles-là, pour échapper toujours à l'araignée ?

— Elles vont à Tanger.

Il ne broncha pas. Il avait fait une bêtise en revenant sur ses pas. La pitié est un vilain défaut. La pitié est toujours punie.

— Quelle langue parle-t-on, à Tanger ?

— Toutes.

— Que comptez-vous faire, là-bas ?

— N'importe quoi. Chauffeur. Policier. Marchand de cacahuètes. Je me débrouillerai — il ricana — et quand j'aurai une très haute situation je ferai venir mon fils auprès de moi.

— Et moi, Wilfrid ?

« Moi, moi, elle n'avait que son moi à la bouche. Toi, toi, tu feras la putain, tu as encore quelques années devant toi. Si tu es économe, plus tard, tu te paieras un petit bar, comme dans les films. »

— Vous, Carole ? Vous vous remarierez. Femme mariée, c'est un bon métier. Si Norbert était mort comme tout le monde, vous touchiez une assurance-vie, n'est-ce pas ?

Elle souffla, blessée :

— Oui, je crois.

— Une bénédiction, pour un avocat général ! Je vois ça d'ici. Ils ne l'ont même pas tué pour ce que vous croyez, mais pour de l'argent !

Elle retenait éperdument deux larmes. Familier, il lui tapota une seconde le dos de la main :

— Allons, allons, Carole. Vous êtes belle. Une belle femme s'en sort toujours.

Elle cria presque :

— Je ne veux coucher avec personne. Je ne suis pas Valérie !

Il rit franchement :

— Pauvre Carole ! Qui vous dit de coucher avec quelqu'un ? Dois-je vous apprendre, moi un homme, qu'il ne faut surtout pas coucher ? Je parie que vos beaux yeux noirs ne quittent plus Omer. Refusez. Giflez, même. Il faut les rendre fous de vous, malades. Et vous épousez le plus fou, le plus riche, le plus sympathique. Je vous donne là de bons conseils d'ami. Ah, si j'étais vous !

— Vous seriez une femme de quarante ans.

— Pauvre Carole, toujours avec ses quarante ans ! Mais pour ce fameux fou-riche-sympathique vous en aurez trente à peine. Vingt-cinq. Vingt. Il vous aime. Rien ne le détournera de cette idée fixe. Il entendra vous baguer, colombe, pour être sûr de vous. Ce n'est qu'après cette indispensable opération qu'il doutera de lui. Trop tard ! Ferré !

Elle se butait :

— Mais je ne l'aime pas, moi !

Il profita d'une ligne droite pour lever en hâte les bras au ciel :

— Ah, là, vous en demandez trop ! Allez à Fatima, à Lourdes, s'il vous faut la lune !

— J'aime Norbert.

Il releva encore les bras, laissa retomber pesamment ses mains sur le volant en soupirant :

— Voilà qui vous honore.

La nuit s'étalait à grands pas sur la route. Dans quelle grange s'allongerait le bienheureux Frank, ingénieur en électronique ? Quelle maison de couture ou de thé attendait Valérie ?

La Lancia croisa en un éclair une charrette. Ce paysan regagnait cahin-caha sa soupe, sa télévision et son avenir linéaire.

Carole abaissa le pare-soleil. Malgré la pénombre, elle se voyait un peu dans le petit miroir. Vous êtes belle. Ils le disent encore. Oh, c'est une belle femme, encore ! Une belle femme s'en sort toujours. Belle toujours. Toujours. Jusqu'à quand ce toujours, demain, après-demain, après après-demain ? Vous êtes belle. Oui. Mais pour qui ? Pour moi ? Non, pour quelqu'un. Pour un homme. Wilfrid a raison. Pour un homme, j'aurai trente ans à peine. Vingt-cinq. Vingt. Norbert est mort. Il ne faut plus aimer Norbert. Si tu l'aimes, Carole, c'est lui qui te tuera. Adieu, Norbert, je suis pressée. Le sable coule du sablier. Clic, une minute à la montre du tableau de bord. Le sable. La montre. Adieu, Norbert, je me dépêche. Tu me retardes. Vous êtes belle. Toi, tu me fais pleurer, tu me gonfles les yeux. Tu ne m'aimes plus que laide, et je suis belle.

Le petit miroir devint noir. Elle remonta le pare-soleil.

Wilfrid s'arrêta dans un village.

— Restez là. Je vais prendre des sandwiches et de la bière.

157

Elle le vit entrer dans un café. Il la rassurait. Il la défendait. Elle s'étonnait d'ainsi songer à une vie encore possible. Grâce à lui. Sans lui, elle se fût enfoncée dans la détresse comme une graine. Et cette graine aurait péri sans eau.

Elle le regardait, avec gratitude, revenir vers la voiture, un paquet sous le bras. Elle le remerciait d'avoir plié devant elle ; qu'il ait plié par amitié, pitié, galanterie, égards pour la femme de son copain, elle n'en avait ni cure ni souci. Elle n'était pas du moins livrée à elle-même.

Il était de nouveau à ses côtés, lui donnait le paquet. Deux gosses contemplaient la Lancia.

La route encore, droite, sinueuse, plongeante, avalée par l'aiguille, 130, 140, 100. Cette retraite à corps perdu devant un adversaire sans visage les grisait d'un étrange alcool. Ils n'avaient plus, semblait-il, de raison précise de fuir ou de stopper. Ils fuyaient pour fuir. La Lancia roulait. Ils la suivaient.

Wilfrid leva le pied, dévora un sandwich, but une bière, alluma une cigarette. La voiture reprit aussitôt de la vitesse.

Il était dix heures du soir. Dans une heure, ils atteindraient la côte. Il croyait savoir où rencontrer ces trafiquants de cigarettes. S'ils n'y étaient pas ? S'ils étaient en mer ? S'ils ne voulaient pas ?

Il se contracta. Il aurait tenté, jusqu'au bout. Il n'aurait rien à regretter, en prison. Il pourrait crier, dans le box des accusés : « Oui, nous avons fui ! Tant que nous l'avons pu ! Et nous avons bien fait, la preuve... »

Ses mâchoires craquaient. Carole s'inquiéta :

— Qu'avez-vous, Wilfrid ? Vous êtes tendu.

— Je me bats. C'est tout. Je me bats.

Il concentrait son esprit sur la route. A la fin de cette route, l'espoir. Ou rien. Il n'avait pas voulu écouter la radio. Est-ce que cela comptait désormais, ce qu'ils diraient ou ne diraient pas ? On les cherchait, ils les fuyaient. C'était d'une simplicité de sport. Il avait même, de ce sport, retiré tout arbitre. Il n'avait pas besoin d'arbitre. Les foules n'aiment pas l'arbitre. Lui non plus.

Il accélère.

S'évade.

Disparaît.

Il comprit qu'elle avait peur. 140. 120. 100. Elle reprit sa respiration.

— Vous n'avez pas mangé, Carole.

— Non.

— Vous n'avez pas bu, non plus.

— Je n'ai pas soif. Et puis...

Il termina mentalement la phrase inachevée : « ... la bière fait grossir. » Charmante, va. Tourterelle. Sauterelle. En fuite, en deuil, en équilibre, en sursis, elle ne voulait pas grossir. Grenouille. Il sourit.

159

— Pourquoi souriez-vous ?

— Vous m'amusez.

Elle sourit aussi.

— Vous devinez tout.

— Je ne vous déteste pas. Vous le craigniez tout à l'heure. Moi, c'est pour leur futilité, pour leur inaltérable rouge à lèvres que j'aime bien les femmes. Je vous connaissais mal, Carole. Je ne voulais rien savoir de la femme de Norbert.

— Et qu'en savez-vous, aujourd'hui ?

— Qu'elle a les yeux noirs, par exemple. Je ne m'en étais jamais douté.

Il lui jeta un regard.

— Vous n'êtes pas fâchée ?

Elle sourit dans le vide. Elle n'avouerait pas qu'il avait les yeux gris, et qu'ils n'étaient gris pour elle que de la veille. Et puis quelle importance. Tous les êtres s'étonnent de leur portrait peint par un autre, et par un autre encore. Il leur apparaît mensonger, déformé. Seuls les miroirs les satisfont pleinement, auxquels ils prêtent tant. Carole et Wilfrid se voyaient en quinze ans pour la première fois. A la faveur des circonstances, leurs silhouettes avaient enfin acquis une épaisseur dont ils n'avaient jamais eu le souci. Wilfrid se posa une question : « Carole avait-elle trompé Norbert ? » Il y répondit vite, et par l'affirmative. Elles ont ce snobisme de l'amant, ce curieux sentiment d'être déshonorées si elles n'ont pas failli ; elles y trouvent aussi chair et tendresse pour un temps. Personnellement, Wilfrid n'y voyait pas matière à condamnation ou à absolution. Il avait été marié et savait tout des mille et une difficultés de l'attelage. Mais il aurait aimé savoir, pourtant. Norbert n'en avait jamais parlé. Pendus ou non, les maris n'aiment guère s'entretenir de corde.

— Wilfrid !

Elle s'était écrasée contre la banquette. Immédiatement, ce fut le choc, et il eut l'impression d'être dans une bombe qui venait d'exploser. La Lancia traversait à vive allure la principale rue d'un village. Une voiture arrivait de droite, sans appels de phares, l'accrochait par l'arrière en un fracas de ferrailles froissées. Les deux véhicules exécutèrent un tête-à-queue et s'immobilisèrent, capot contre capot. Wilfrid s'était d'instinct jeté sur Carole, qu'il écrasait de tout son poids.

Quand le bruit eut cessé, il se dégagea et hurla :

— Carole ! Carole !

A son immense joie, elle se redressa, abasourdie.

— Vous n'avez rien, Carole ?

— Je ne pense pas, et vous ?

— Je n'en sais rien. Des bosses, peut-être.

— Et l'autre ?

« L'autre » quittait sa voiture par la portière de

gauche. D'un café éclairé sortaient en courant quelques consommateurs tardifs et déjà passionnés par un événement qu'ils n'osaient plus souhaiter.

« L'autre » s'inquiétait en chevrotant :

— Hé ! Vous avez du mal ?

Carole descendit, puis Wilfrid, qui se massait les côtes.

— Ça va, grogna Wilfrid.

Soulagé, le bonhomme éclata :

— Non, ça ne va pas ! Vous n'êtes qu'un criminel, un abruti ! J'avais priorité !

La position présente des voitures brouillait les cartes.

— C'est possible, grimaça Wilfrid.

Carole, les jambes coupées, s'était assise sur une borne. Ses mains tremblaient. Les villageois s'attroupaient, reconnaissaient le type.

— Mais c'est Glac ! Tu n'es pas mort, Glac ?

— C'est toujours pas de la faute à monsieur, si je suis en vie. Il roulait comme un fou, je ne l'ai pas vu.

— Vous auriez pu vous signaler, fit Wilfrid avec calme. Il tournait autour de la Lancia pour mesurer l'ampleur des dégâts. Glac écumait :

— J'aurais pu, j'aurais pu me tuer, oui. J'étais dans mon droit, vous entendez : dans mon droit !

Wilfrid le toisa durement :

— J'en suis content pour vous.

Décontenancé, Glac ajouta ·

— Vous êtes en tort.

— Ça, si tu arrivais de droite, il est en tort, approuva un assistant.

— Oui, j'arrivais de droite. Regardez, je l'ai touché à l'arrière droit. Y a pas de doute.

— La voiture a du mal ?

— Je pense bien. C'est une honte ! On devrait leur retirer leur permis, à des gens comme ça !

Wilfrid s'était agenouillé auprès de sa voiture. Il se releva, alla à Carole.

— On ne pourra pas repartir.

— Vrai ?

— L'huile coule. Une roue est de travers. Sans parler du reste.

Glac braillait :

— Faut téléphoner aux gendarmes !

— Ils ne viendront pas à cette heure-là.

— Faut leur téléphoner quand même !

Au mot de gendarmes, Wilfrid s'approcha.

— Qu'est-ce que vous parlez de gendarmes ?

— Je veux un constat.

— C'est inutile. Je suis dans mon tort. Je reconnais tout ce que vous voulez.

— Ils en prendront bonne note eux-mêmes. Et ils constateront. Va leur téléphoner, Siméon.

Siméon rentra dans le café avant que Wilfrid ait pu le retenir. Wilfrid, alors, tenta de leur en imposer :

— On ne dérange pas la police pour si peu. Appelez un huissier.

— Je m'en fous, des huissiers. Je veux les gendarmes.

Un ennemi — sans doute — du nommé Glac souffla à Wilfrid :

— Vous comprenez, ils sont plus arrangeants, les gendarmes. Ils sont du pays, eux aussi.

Wilfrid trancha :

— Je n'ai pas le temps. Je suis pressé.

Le cafetier eut un gros rire.

— Pressé ou pas, rien qu'à voir votre Lancia, faudra toujours coucher ici. Y a pas de gare et, à la gare la plus près y a pas de train avant demain matin huit heures.

— Et puis, il n'en est pas question, intervint Glac. Vous ne partirez pas avant qu'on ait vu les gendarmes. Je saurai bien vous en empêcher.

Wilfrid s'énerva :

— C'est idiot !

— Ah, ne m'insultez pas, hein !

— Vos dégâts, on les estime, et je les paie là, tout de suite. Je vous fais un chèque.

Glac haussa les épaules :

— J'accepte pas de chèques comme ça. Ni de papiers. Je vous connais pas.

Wilfrid serra les poings.

— Ho, Siméon ! Alors ?

— Alors ils disent de toucher à rien, qu'ils seront là demain à la première heure.

— A la première heure ?

— Hé oui, même qu'il était pas gracieux, le brigadier. Il était en pyjama, à ce qu'il m'a dit.

Wilfrid entraîna « l'ennemi » de Glac :

— Savez-vous où je peux louer une voiture ?

— Ah non, ça ne se fait pas, dans la région.

— Pas de taxi non plus ?

— Non plus. C'est la campagne, ici. Mais demain, soyez tranquille, on viendra vous dépanner du garage. Demandez donc une chambre à Poque. C'est le patron du café, Poque. Il fait un peu hôtel, à la belle saison.

— Je ne peux pas.

La voix altérée de Wilfrid rendit subitement son interlocuteur méfiant.

— Vous n'avez pas l'air de beaucoup aimer les gendarmes, vous.

Wilfrid eut un rire forcé.

— Ce n'est pas ça.

Mais l'autre le dévisageait, s'écartait de lui. Wilfrid sentit Carole à ses côtés.

— Nous sommes foutus, Carole. Nous sommes prisonniers ici. Demain, les gendarmes arrêteront Carole Eider et Wilfrid Varan recherchés pour meurtre.

Elle lui prit le bras, atterrée. Il réfléchissait très vite. Il avait toujours la ressource de fuir à pied, perdu pour perdu. Les villageois murmuraient en lui coulant des coups d'œil sournois.

— Partez, Wilfrid, soupira Carole.

— Et vous ?

— Oh, moi, je reste. Après tout, c'est peut-être mieux ainsi. C'était loin, Tanger, pour moi.

— Je ne veux pas vous laisser.

— Pourquoi ?

— Ce n'est pas bien.

— Partez. C'est de ma faute si vous n'avez pas pu vous en tirer tout seul. Partez.

— Ils me retrouveront toujours, maintenant. Sans voiture, je n'ai plus rien, que des chèques. Et c'est de la folie pour un assassin, que de signer des chèques de son nom d'assassin.

— J'ai de l'argent, Wilfrid.

— Pas assez pour acheter quelqu'un. C'est très cher, les gens. Non, Carole, c'est fini, fini.

Les autres ne s'occupaient plus d'eux, savouraient à leur aise l'accident, le commentaient pour des têtes surgies à des fenêtres. Carole frissonnait.

— Vous avez froid, Carole ?

— J'ai peur.

— Moi aussi. Nous avons joué un numéro qui n'était pas le bon. Un monsieur Glac est tombé sur nous de toute la hauteur de notre mauvaise étoile. Une poisse pareille me ferait presque croire en Dieu.

— N'en dites plus de mal, Wilfrid. Je vais avoir besoin de lui, maintenant.

Malgré son abattement, il la fixa avec une pointe d'ironie, puis ricana :

— Quand un marteau me tape sur les doigts, je n'embrasse pas pieusement le marteau.

Glac les considérait avec rancune, Glac, l'instrument dérisoire et court sur pattes du « fatum » des Anciens. Glac se tourna vers Poque :

— Je vais appeler ma femme au téléphone. Vous avez une chambre, Poque ?

— Oui. Je suppose que Madame et Monsieur en veulent une eux aussi ?

Wilfrid le prit par le bras :

— Je voudrais deux chambres.

L'autre ouvrit des yeux ronds.

— C'est que... je n'en ai qu'une, puisque M. Glac prend l'autre.

— Vous n'en avez vraiment pas deux pour moi ?

— Non. J'en ai trois en tout et, dans la troisième, j'ai des touristes.

— C'est une chambre à deux lits, au moins ?

— Non.

Wilfrid jura :

— Mais vous le faites exprès, ma parole !

Le cafetier Poque demeura un instant bouche bée avant de basculer dans la gaillardise :

— Excusez-moi, mais je vois pas pourquoi il vous faut deux chambres, ou deux lits. A votre place, j'en aurais largement assez d'un, et pas trop grand, encore !

Wilfrid leva sur lui des yeux glacés. Poque bredouilla :

— Excusez, excusez.

— Montrez-nous cette chambre.

Il ne dit rien à Carole qui retira de la Lancia une petite valise. La plupart des badauds s'étaient éparpillés en devisant. Un camionneur avait prêté à Glac des triangles de signalisation. Ces triangles lumineux luisaient à présent autour des deux voitures accidentées.

Poque, Glac, Carole et Wilfrid, plus deux irréductibles entrèrent dans le café.

Wilfrid alla s'asseoir à une table au fond de la salle. Carole s'installa docilement face à lui. Ses mains tremblaient toujours.

— Vous avez du whisky ? cria Wilfrid.

— Du ?

— Du… De l'alcool.

— Quel alcool ?

— N'importe quoi.

Poque fit comprendre aux trois autres, un doigt au front, que le choc avait été rude pour les occupants de la Lancia.

Wilfrid vida son verre d'un trait.

— Autant.

Il le vida encore.

— Autant ? gloussa Poque amusé.

— Oui.

Le cafetier s'éloigna.

— Carole, je suis désolé, mais nous n'avons qu'une chambre à un lit.

— Ah ?

— Je dormirai dans un fauteuil. En vérité, là ou ailleurs, je ne crois pas que je dormirai.

— Moi non plus.

Il errait dans un vide et répétait :

— Fini, Carole, fini.

Une lassitude énorme le tassait sur sa chaise. Des rides lui tiraient les paupières. Glac pérorait u comptoir. Qui était Glac le fatum ? Un marhand de volailles ? Un menuisier ? Un pharmaien ? Un borné. Un stupide. Il n'était pas du tout nvraisemblable de se heurter à un stupide. Au ontraire. « Pour le même prix, regretta Wilfrid, 'aurais dû le tuer. J'aurais au moins servi à quelque chose. »

Sur les murs, une frise représentait des joueurs e hockey munis de jambes maigres et de grosses êtes. Wilfrid vida son troisième verre. La nuit oissait comme ce kirsch.

L'interne bâilla sans mettre la main devant sa ouche. Face à ce four, l'infirmier replia son journal. 'ar son calme effrayant l'hôpital évoquait avec une ertaine avance le silence des nécropoles. L'interne eferma enfin la bouche. L'infirmier bâilla à son tour ar politesse et maugréa :

— *Dites voir. Le macchabée de dimanche, ça fait uste quatre jours qu'il est là.*

— *Il vous dérange ?*

— *Oh, c'est pas ça. Il est au frais. Mais c'est pas*

sa place, dans un tiroir. Un macchabée, c'est fai
pour être enterré.

— On attend la veuve.

— Et où elle est, la veuve ?

— Elle est partie avec l'ami du mari.

Du talon, l'infirmier écrasa son mégot avec l
hargne qu'il eût mise pour occire un scorpion.
grogna :

— Elle était pressée. Ça ne respecte rien, le
bonnes femmes. Même pas la mort. Moi, je dis qu'ell
pouvait enterrer son type avant de foutre le cam
avec l'autre !

L'interne bâilla encore avant de souligner :

— Ils ont eu peur. Quand j'ai parlé d'enquêt
administrative, j'ai bien vu que l'ami a eu peur

— De quoi ?

— Il était plus vif d'esprit que vous, Mascaran
Comme il couchait avec la veuve, il s'est dit qu'
allait avoir des ennuis. En principe, les maris qu
tombent des rochers ne tombent pas tout seuls. On le
aide. Et, sans vous...

L'infirmier bloqua un bâillement entre se
mâchoires :

— Quoi, sans moi ?

Ils étaient dans la chambre. Wilfrid avait pos
la bouteille de kirsch sur la table boiteuse. L
papier peint pendait en mèches par endroits

170

Carole ouvrit les rideaux et la fenêtre. L'air était chaud, écœurant. Un air de kirsch. Wilfrid jeta sa veste sur une chaise.

— Si vous voulez vous déshabiller, Carole, dites-le-moi. Je sortirai dans le couloir.

— Merci. Mais je n'ai pas sommeil.

Elle fit longuement couler l'eau du lavabo avant d'en boire dans le verre à dents.

— Les condamnés n'ont jamais sommeil, déclara Wilfrid en s'affaissant dans le fauteuil. Carole s'allongea sur le lit, les mains sous la nuque, les yeux au plafond étoilé par les mouches. Ses chaussures tintèrent, l'une après l'autre, sur le plancher. Elle n'avait aucune envie de pleurer. Ils touchaient au but. La proximité de ce but la rassérénait. Elle acceptait l'inéluctable. A Tanger, malgré les bonnes paroles de Wilfrid, que serait-elle devenue ? Elle avait plutôt envie de chantonner. Le bruit du bouchon la fit tressaillir.

Wilfrid buvait. Il lui tournait le dos et regardait la nuit. Deux ombres de chien filèrent sur la place du village. Wilfrid murmura :

— Qu'est-ce que vous aimiez, vous, dans la vie ?

Elle hésita.

— Ce que j'aimais ?

— Oui. Je m'interroge sur ce qui va nous être enlevé. A vous, que va-t-on enlever ? Vous aimiez les robes, par exemple...

— Oui, bien sûr. J'aimais le vert, le noir. Parce

que je suis blonde. Tenez, je n'étais pas comm.
toutes les femmes. J'aimais, chez les coiffeurs
rester longtemps sous le séchoir. J'étais chaude
étourdie, assourdie. J'aimais les lilas…

L'interne lut le titre du journal étalé sur le sol
« *Catastrophe en Floride* », *puis se frotta les paupiè.
res. Il était 1 h 30 du matin.*

— *Comment, sans moi ?*

— *Oui, sans vous, la police les aurait déj.*
recherchés. Quand vous avez pris l'ascenseur avec l.
civière, il était seul avec vous, le type. Et il a parlé
Il aurait mieux fait de parler devant moi.

— *Il a dit* « *J'ai glissé* ». *Deux fois.*

— *Mais vous ne me l'avez dit que le lendemain*

— *S'il fallait faire attention à tout ce qu'il.*
racontent !

— *C'était une preuve ! La preuve que Madame e.*
son chéri étaient innocents !

L'infirmier s'indigna :

— *Innocents ? Ils couchent ensemble, ces deu.*
salauds, pendant que l'autre se gèle les fesses dans u.
tiroir, et vous appelez ça innocents !

— *Ils couchent ensemble, mais ce n'est pas u.*
crime.

L'infirmier ronchonna encore :

— *On voit que vous n'êtes pas marié, vous !*

L'interne sourit :

172

— Remarquez, Mascarani, que vous avez raison, dans un sens. Moralement, ils l'ont poussé, le mari. Ils l'auraient poussé un jour ou l'autre. Il a aussi bien fait de se casser la gueule par ses propres moyens.

L'infirmier ramassa son journal. L'interne était trop subtil pour son goût. Une infirmière entra en pestant :

— Mais qu'est-ce qu'ils ont tous, cette nuit ? Et j'ai mal, et j'ai soif, et mon oreiller est trop haut, trop bas, etc. Ils se croient où ? Quel métier, non mais quel métier !

L'interne, assis, lui caressa les genoux.

— Calme-toi, ma loutre.

Une lampe clignota à un tableau. L'infirmière, excédée, leva les bras au ciel :

— Encore celui du 12 ! Il est capable de passer la nuit !

... Au temps du lilas, j'en fleurissais toutes les pièces. J'aimais aussi... Les zakouskis, le chianti, les heures du matin où l'on traîne en peignoir, où l'on regarde du balcon la rue vivre sans vous, tout en bas... Et vous ?

— Moi, j'aimais mon fils.

Il suait. Il retira sa chemise. Son maillot de corps était collant. Ses tempes battaient.

— Qu'aimiez-vous encore, Carole ? Répondez. Chaque faillite a son bilan.

Carole fut impressionnée par cette voix farouche. Elle reprit, mal à l'aise :

— J'aimais... Je ne sais plus...

— Cherchez, c'est important.

— J'aimais la danse. Je dansais seule, très souvent. Il m'arrivait de regretter pour cela mon mariage. Sans lui, j'aurais dansé presque tous les soirs, j'en suis sûre. J'aimais aussi me rendre chez les antiquaires. J'aimais les objets qui peuvent vous raconter leur vie ou des histoires. Et vous ?

— J'aimais les chiens, la pêche à la mouche, mon métier, les bars à peine éclairés.

— Les femmes.

— Les femmes, oui. Les beaux corps, surtout. Le rire trouble des femmes. J'aimais aussi les belles voitures, qui ressemblent à des femmes. J'aimais rire, j'aimais aussi mes tristesses. Elles m'apportaient une richesse.

Il secoua la tête.

— Et voilà, par la grâce de Glac, de Dieu et de Norbert, tout ce que nous aimons est balayé, Carole, anéanti. Demain, nous ne serons plus rien. Il est deux heures. Dans cinq ou six heures, quand le jour sera haut, nous entrerons dans la nuit, une nuit sans fond.

Il se mit à marcher.

— Je me demande s'il est vraiment nécessaire d'aller subir tout cela. Quand je sortirai de prison, tout ce que j'aimais ne m'aimera plus. Si j'en avais le courage...

174

— Ne l'ayez pas, chuchota Carole.

— Vous êtes déjà résignée, vous, fit-il avec dédain. Moi, je n'ai pas encore appris à renoncer. Dès demain, vous ne serez plus belle, et je ne serai plus un homme. Levez-vous donc, regardez-vous dans cette glace, profitez-en une dernière fois ! Après, ce sera fini ! Terminé !

Il se maîtrisait pour ne pas gémir et supplier. Supplier qui ?

Il alla dans le couloir. Une porte s'entrebâilla en couinant et Wilfrid aperçut le sale bout du nez de Glac. La porte ne se refermait pas. Glac le surveillait. Si Wilfrid partait, Glac ameutait la maison. Wilfrid revint dans la chambre. Trois heures. Dans quatre ou cinq heures...

Carole était debout devant l'armoire à glace. Elle ne bougea pas quand Wilfrid entra.

— Je vous l'ai dit, Carole, profitez-en. Glac nous guette. Il attend les gendarmes.

Recette du miroir. Il faut se retourner très vite pour apercevoir sa propre nuque. Il est important de l'avoir vue une fois. C'est là qu'ils vous frapperont de toutes leurs forces.

Elle souriait à son visage, d'un sourire mécanique de comédien ou de poupée. Wilfrid avait raison. Ce visage était perdu. Adieu mon visage. Il n'illustrerait plus qu'un numéro cousu sur une blouse grise. Malgré la chaleur, la chair de poule grêla les bras nus de Carole. Une insurmontable panique emporta son esprit. La réalité lui apparut, plus nette et plus cruelle que les écorchés des planches anatomiques.

Elle se jeta sur le lit, s'enfouit les traits dans la couverture bleue. Mon visage. Mon beau visage. Wilfrid s'assit près d'elle et lui flatta les cheveux. Sa main était très lourde, palpait maintenant le cou avec douceur. Sa voix changeait :

— Tout ce que nous avons aimé, Carole, tout. C'est la dernière nuit de notre vie. La dernière.

Elle se retourna d'un bond. Il la fixait comme il ne l'avait jamais fixée. Il souffla :

— La dernière...

Ils ne respiraient plus, se regardaient avec une intensité telle que leurs cœurs s'arrêtaient à demi.

— Nous ne ferons plus l'amour, Carole. Dès demain, vous ne verrez plus d'hommes, je ne verrai plus de femmes. Nos bouches ne se poseront plus que sur de la pierre. Nos bras n'étreindront plus que de l'air... Jamais plus...

Ses lèvres n'étaient plus qu'à quelques centimètres de Carole. Il s'était étendu contre elle, tout contre elle. Leurs jambes se touchaient. Un vertige les gagnait pas à pas, par bouffées. Carole geignit :

— Wilfrid... Wilfrid...

— Oui, Carole.

— Il ne faut pas. C'est horrible, Wilfrid. Je ne veux pas.

— Demain, Carole, tout à l'heure, ils nous arrêteront. Jamais plus...

Elle haletait.

— Non, Wilfrid, non. Ce serait un crime.

Il la désirait brusquement comme il n'avait jamais désiré une femme. C'était la femme, n'importe laquelle, celle qu'il ne reverrait qu'en ses rêves exaspérés. Il gronda :

— Carole. Je vous aime.

Des larmes perlèrent entre les cils de Carole.

— Wilfrid... C'est mal... Wilfrid !

Il lui soulevait la tête, la serrait très fort entre ses mains qui sentaient l'homme, l'alcool et le tabac.

— Je vous aime, Carole.

Alors elle étendit les bras, comme dans une eau où l'on se noie, et ses bras se nouèrent, convulsifs, autour du cou de l'homme. Leurs bouches se joignirent brutalement. Sur la peau de Wilfrid, les larmes de la femme. Wilfrid se détendit, éteignit la lumière.

Ils étaient nus sous le drap blanc. Elle allumait une cigarette, la lui donnait. Avant de la saisir, il lui embrassa les deux mains.

— Quelle heure ?

— Quatre heures.

Elle avait le corps de l'été. Elle aimait bien l'amour. Sa bouche n'était que douleur et pleurait, mais tout son corps vivait comme une vague, comme du sable.

Il fumait, les yeux écarquillés de surprise dans la pénombre. Les lèvres de Carole bruissaient à son oreille :

— Wilfrid, je ne sais plus ce que j'ai. C'est comme si je vous aimais.

— Moi, je vous aime.

— Vous ne l'avez pas dit pour me faire plaisir, pour me faire céder ?

— Non... Je devais porter ça en moi depuis toujours, comme une maladie.

— Wilfrid...

— Mon petit ?

— Je vous aime, moi aussi, mais je ne puis y croire encore tout à fait. Cela ne me paraît pas possible.

Ils s'étaient enlacés par peur de ne plus jamais s'emparer d'autres corps. Détachés, la chair calmée, ils sentaient grandir en eux le monstre d'un amour inattendu.

— C'est possible, puisque je vous aime.

— Vous en êtes sûr ?

— A peu près.

— Pourquoi, à peu près ?

— Je ne sais pas. Ou plutôt si. Je suis heureux.

— Même...

— Oui, même. Je saurai que je vous aime quand vous n'y serez plus. Je vous remercie. Je vivrai heureux avec votre image. Vous avez dit quatre heures ?

— Oui.

— Embrassez-moi encore, Carole, vite, très vite.

Le jour venait à eux.

— Wilfrid, fit Carole, la bouche sur le bras de l'homme, c'est maintenant que nous sommes perdus. Nous venons de supprimer la seule chance qui nous restait. Ils verront que nous nous aimons. Nous le crions par toute notre peau. Ils sauront que nous nous sommes aimés dans cette chambre. Nous n'avons plus notre innocence, notre bonne foi. Tout cela n'existe plus, qui pouvait nous sauver. Ils nous condamneront sans hésiter, parce que je t'aime.

— Parce que je t'aime.

— C'est maintenant...

Elle dit la suite si bas qu'il eut de la peine à l'entendre :

— ... que nous sommes coupables. Nous venons de le tuer.

Il lui prit les lèvres afin qu'elle se taise. Norbert aurait pu mourir à la guerre ou en voiture, pour rien. Sa mort donnait au moins naissance à quelque chose de vivant. A une sorte de flamme qui tremblait comme les rideaux. « Je ne serai plus seule je ne serai jamais plus seule », songeait Carole en un brouillard. Le baiser de Wilfrid la clouait vive, la paralysait sur ce drap. « De tout ce que nous avons aimé, tout s'enlisera dans le temps, pensait Wilfrid, tout, sauf la dernière chose que nous aurons aimée car nous l'avons aimée à deux, car nous l'avons aimée ensemble. »

Elle se dégagea en souriant pour respirer. Elle avait des yeux tendres, ne s'inquiétait enfin plus des desseins de son ami Dieu. Elle blottit son nez dans les cheveux de l'homme. Elle était jeune et courait dans un champ tout bleu de lavande. Ils rentraient de l'école.

— Wilfrid...

— Mon petit...

— Si, par hasard, on ne nous arrêtait pas, que ferions-nous, tous les deux ? M'aimeriez-vous encore ?

— Plus.

— On vivrait ensemble ?

— Non. C'est mieux de se chercher dans la ville, de s'attendre et de se trouver.

— Oui. J'irai te prendre chez toi pour t'inviter chez moi. Tu sentirais la lavande.

— Et nous irions boire un whisky dans un tout petit bar très mal éclairé.

Elle se serra contre lui.

— Mais ça ne durera pas toujours ?

— Rien ne dure toujours. La vie ne veut pas de ça.

— Alors, ça ne durera pas longtemps. J'ai quarante ans.

— Je t'en donne trente.

— Vingt-cinq ?

— Vingt.

— C'est bête de s'aimer.

— Bête ?

— Oui. Maintenant, je devine qui est ce Mozart assassiné en chacun de nous.

— Qui est-ce ?

— L'amour. L'amour condamné à mort dès qu'il nous apparaît.

Le carillon d'une chambre voisine — celle de Glac — sonna cinq heures, cinq couteaux qui s'enfoncèrent en eux. Demain n'était déjà plus demain. Demain était déjà aujourd'hui. Une crise de chagrin secoua les épaules de Carole.

— Ce n'est pas vrai qu'ils vont déjà nous séparer. Tue-moi, Wilfrid, tue-moi, mais je ne veux pas partir. C'est trop injuste, trop odieux. Nous n'avons rien fait de mal. C'est mal, de s'aimer ?

— Je te l'ai dit. La vie n'aime pas ça.

— Je n'avais jamais pensé à toi, jamais, je te le jure.

— Moi non plus. Nous avons pris un coup de soleil, comme disent les Français.

Elle lui mordillait l'oreille gravement.

— Les gens ne croiront jamais que l'on puisse s'aimer après tant et tant d'années d'indifférence.

— On ne pouvait pas se regarder. Il y avait un mur entre nous. Un bon vieux mur qu'on aimait bien...

— Je me demande... s'il nous en veut.

Les paumes de Wilfrid l'enveloppaient à la façon d'un bustier. Wilfrid soupira :

— Non, Carole. Il nous aimait bien, lui aussi. Tu es ma cigarette.

— Tu es mon verre de rhum.

Son corps à elle était plus violent que l'alcool. C'était un corps parcouru d'ondes et de reflets, où se plaisait la vie. Wilfrid se saoulait en lui, si fort que sa tête en tournait. Carole, les yeux clos, délirait à voix basse, tenant à deux poings les draps pour ne point disparaître. Elle n'avait pas de honte, leur temps était compté, minuté. Il leur fallait brûler tout un amour en quelques heures, n'en rien laisser pour l'avenir puisqu'ils n'avaient pas d'avenir.

Le soleil entrait dans la chambre. Ils se sourirent bravement. Il s'appelait angoisse, ce soleil.

— Non, récita Carole, non ce n'est pas le jour...

— Ce n'est pas l'alouette...

Il la souleva, la porta près de la fenêtre. Par les fentes des volets, ils pouvaient voir la place éclaboussée de lumière. La place de chaque jour, ici. La place qui serait là, semblable et lumineuse, dans vingt ans. Les deux chiens de cette nuit passaient dans le matin et saluaient leur partie du monde en aboyant.

Carole était maintenant debout auprès de l'homme. Elle était petite et faible contre lui. Elle était fatiguée d'amour et ses jambes tremblaient. C'était bon, ce bras qui la serrait, à l'étouffer. Ils ne parlaient plus. Ils voyaient le soleil s'étaler sur les toits de tuiles romaines cuites par les étés. Par cette route arriveraient bientôt deux gendarmes joviaux.

Poque, en bas, devait préparer le café. Quelques vieilles fourmis défilèrent sur la place, vêtues de noir. Elles se rendaient à la messe de six heures et le péché délicieux les regarda passer du haut de son enfer.

— J'aime bien l'enfer, dit Wilfrid. Je l'aime bien parce qu'il est blond.

Elle lui pressa la main. Les cloches sonnèrent. Des pigeons traversèrent le ciel. *L'odeur du café.*

— Carole, tu vois l'épicerie, là-bas ? C'est là que je voudrais vivre avec toi. Je vendrais des lentilles, des lacets, des melons, des lames de rasoir. J'aurais un tablier bleu. J'aurais un crayon sur l'oreille.

— Moi, je serais à la caisse. Je rendrais la monnaie. Je dirais bonjour madame, et au revoir monsieur.

— Le dimanche, on partirait dans la camion-
nette.

— On irait à la plage. J'aurais cinquante ans.

— Je vous aimerais comme savent aimer les
épiciers.

— J'aurais soixante ans.

— Mais on se garderait, dans l'arrière-bouti-
que, une tendresse, peut-être.

— Oui, Wilfrid. De la tendresse. Plein.

Et toujours cette odeur de café. L'épicerie était
fermée et peinte en vert.

— Elle est fermée, fit Wilfrid. Le paradis aussi
est fermé.

D'un geste brusque, elle tira les rideaux et le
soleil s'enfuit.

Ils avaient encore, sans le savoir, une nuit
devant eux. Et puis une autre. Et une autre, hélas.
Et une autre. Jusqu'à la fin.

R. F., Paris, mai 1962.

DU MÊME AUTEUR

Livre pour enfants

BULLE *(illustrations de Mette Ivers)*, Denoël

Poésie

CHROMATIQUES. Poésies 1952-1972 Mercure de Franc

Impression Bussière à Saint-Amand (Cher),
le 19 septembre 1986.
Dépôt légal : septembre 1986.
1ᵉʳ dépôt légal dans la collection : mars 1980.
Numéro d'imprimeur : 2523.

ISBN 2-07-037178-6./Imprimé en France.
Précédemment publié par les éditions Denoël
2-207-20364-6

38891